세계에 대한 믿음

세계에 대한 믿음

제1판 제1쇄 2024년 12월 6일

지은이 김홍중
펴낸이 이광호
주간 이근혜
편집 김현주 최대연 홍근철
마케팅 이가은 최지애 허황 남미리 맹정현
제작 강병석
펴낸곳 ㈜문학과지성사
등록번호 제1993-000098호
주소 04034 서울 마포구 잔다리로7길 18(서교동 377-20)
전화 02)338-7224
팩스 02)323-4180(편집)/02)338-7221(영업)
대표메일 moonji@moonji.com
저작권 문의 copyright@moonji.com
홈페이지 www.moonji.com

ISBN 978-89-320-4344-9 03680

세계에 대한 믿음

문학과지성사

김홍중 지음

목차

지난 몇 년간 쓴 영화에 대한 글 일곱 편을 묶어서 이렇게 책으로 펴낸다. 그저 감사한 마음이 든다. 사실 이 책에서 이야기하는 작품들은 나를 깊이 움직인 그런 영화들이다. 생각해보면, 내게 영화는 앎이 아니라 감정이며 정동인 것 같다.

우리 시대에 성숙이라는 말은 참 낯선 단어가 되었지만, 돌이켜보면 나는 영화와 함께 성장해왔다. 삶은 그것을 반추하게 하는 여러 차원의 시선들을 요청한다. 그 시선들의 힘으로 인생을 관조하면서, 우리는 비로소 스스로를 이해하고, 꾸짖고, 용서할 수 있다. 혹은 용서하지 않을 수 있다. 영화는 그런 시선을 우리에게 준다.

좋은 영화를 보았을 때 나는 들뢰즈가 말하는 '세계에 대한 믿음'이 조금 더해진 기쁨을 느낀다. 세계에 대한 믿음이 생기려면, 자기가 삭감되어야 한다. 자기가 덜어내지고, 자기의 중심성이 흐트러지고, 자기가 사라져야 한다. 그 사라진 빈자리만큼 세상이 나타난다. 그 세계의 주인은 내가 아닌 타인들이다. 들뢰즈라면 미래의 민중이라 말할 것이다.

영화 비평가나 애호가(시네필)보다는 '영화를 겪는 자'라는 표현이 더 가슴에 와닿는다. 시네-페이션트cine-patient. 내가 느낀 마음의 흔들림과 정신의 변형을 누군가와 나누고 싶어서 이 글을 썼다. 같이 흔들리자고. 같이 무너지자고. 같이 도망치자고. 혼자 받은 감동 속에서, 이 거대한 세상에서, 세계에 대한 믿음을 잃은 '나'라는 것은, 주체라는 것은, 하염없이 덧없고 외로운 것이 아닌가?

이 책은 그 외로움의 바깥으로, 주체의 외부로 나가는 선線을 그려 보려는 한 조그만 시도다. 내가 그린 선들이 당신의 마음에 가닿기를 희망한다.

***

책이 나오기까지 많은 분들의 도움을 받았다. 이 책에 실린 다수의 글은 『서울리뷰오브북스』의 '이마고문디'에 연재된 것이다. 함께 잡지를 만드는 『서울리뷰오브북스』의 편집동인들에게 감사의 말씀을 전하고 싶다. 더불어, 정성껏 책을 편집해주신 김현주 편집자님과 책의 출판을 허락하고 지원해주신 문학과지성사의 이광호 대표님께 깊이 감사드린다.

2024년 11월

김홍중

1장

침잠의 미학

아피찻퐁 위라세타쿤

"영화는 존재한 적 없는 것에 대한 기억이다."[1]

환생 극장

『본생경本生經』은 부처의 전생 설화를 모아놓은 텍스트다. 경전에 의하면, 석가모니 부처에게도 환생과 윤회의 긴 과거가 있었다. 전생에 그는 수행자였고 상인이었고 왕이었다. 하지만 인간이 아닌 비인간이었던 적이 더 많다. 원숭이로 태어난 적도 있고, 나무였던 적도 있으며, 말이나 앵무새, 공작새, 메추라기, 거위, 코끼리로 살다 죽은 적도 있다.

이 중 특히 유명한 것은 '토끼의 공양'이라는 제목으로 잘 알려진 설화다. 진리를 사랑하며 보시하는 삶을 살던 동물 무리에 어느 날 한 승려가 찾아온다. 먹을 것을 청한다. 수달은 물고기를 바치고, 들개는 고기와 우유를 바친다. 원숭이도 망고 열매를 바쳤다. 그런데, 아무것도 줄 것이 없던 토끼는 자기 살을 태워 고기를 바치기로 결심한다. 토끼의 갸륵한 마음을 읽은 걸식승乞食僧은 본래 모습인 제석천帝釋天으로 변해, 달에 토끼 형상을 새겨 그의 덕을 기린다. 이

토끼가 바로 석가의 전생이다.

경전이 소개하는 석가의 전생담은 은근히 끔찍하다. 환생하는 부처는 셀 수 없을 만큼 많은 생애 속에서 식물, 동물, 인간의 처지를 모두 살아낸, 일종의 진화적 상승의 궤적을 그린다. 부처는 중생衆生 바깥으로부터 그들을 구제하러 '오는' (이를 테면 아브라함의 종교들이 상상하는) 메시아가 아니라, 뭇 생명이 나고 죽는 윤회 속에서, 그 끝없는 회귀의 권태와 무의미를 안에서부터 찢고 '나가는' 존재다. 부처는 포스트휴먼이다. 인간을 초월한다는 의미(해탈)에서 그런 것이 아니라, 인간의 자리가 애초부터 동물성과 식물성에 침식되어 있다는 점(환생)에서 그러하다.『본생경』을 쓴 자들은 상상하지 못했겠지만, 아마도 21세기의 상황에 맞추어 경전을 다시 극화해야 한다면 우리는 아마 그 목록에 아메바-부처, 유글레나-부처, 바이러스-부처, 박테리아-부처의 이야기를 추가해야 할지 모른다.

불교적 상상계는 초월성의 가상을 쉽게 허용하지 않는다. 특권적 존재도 입장도 방향도 권리도 없다. 성령도 구원도 없다. 성스러운 것과 속된 것의 경계도 없다. 극단들은 교환되고 뒤섞이며 회전한다. 질적 차이들은 난잡하게 보일 정도로, 그러나 우리가 사는 이 세계가 실제로 그러하듯이, 얽혀 있다. 한 차례의 유일한 십자가, 한 차례의 유일한 부활은 없다. 대신 끝없이 반복되는 십자가들(가령 토끼의 희생)과 종식되지 않는 무수한 부활(환생)의 흐름만이 있다.

세계는 인간-너머의 생명성으로, 생명=고통이라는 역설적 희열로 폭발하고 있다. 윤회에 묶인 자들에게 죽음은 끝이 아니다. 우리는 언제나 존재할 수밖에 없다. 언제나, 어디선가, 무언가로 다시 태어나 살아갈 수밖에는 없다. 있음의 바깥으로 나가는 길은 '거의' 막혀 있다. 이것이 불교적 상상력의 극한(그리고 그 유럽적 버전인 니체의 영겁회귀 사상)에서 우리가 만나게 되는 어떤 아득하고 막연한 두려움, 폐소공포의 정체다. 우리는 과연 이 삶에서 벗어나기를 욕망하는가? 아니면 여기 영영 머무르는 것을 욕망하는가? 우리의 애욕은 이 세계의 영원한 순환을 향해 있는가, 아니면 그 너머를 향하고 있는가? 우리가 두려워하고 증오한다고 믿고 있는 이 고해苦海를 사실 우리는 다른 어떤 것보다 더 사랑하는 것은 아닌가?

아피찻퐁 위라세타쿤

2500년 불교 전통이 아시아의 다양한 지역들을 통과하면서 마름질해낸 이 물음들은 아시아 시네마의 저류에 일종의 형이상학적 DNA처럼 흐르고 있다. 가령 오즈 야스지로, 사티아지트 레이, 차이밍량, 허우 샤오셴, 지아장커, 그리고 홍상수의 시네마를 나는 이런 관점에서 읽는다. 명백한 차이에도 불구하고, 이들이 그리는 풍경에는 모종의 유사성이 존재한다. 말하자면, 아시아 시네마의 가장 매력적인 한 자락에서 우리는 해탈에 대한 거부, 아니 해탈 쪽으로의 지향을 숨기지 못하지만 동시에 그 지향을 배반하고 부정하는 속세의 압력에 깨져버린 채 배회하는 영혼들의 세계를 본다.

오즈가 즐겨 다루는 음식의 맛, 빨래의 나부낌, 정물에 고여 있는 일상의 시간은 사실 얼마나 격렬한가? 사티아지트 레이가 그리는 아푸의 성장 이야기는, 그의 휴머니즘은 얼마나 큰 상실과 환멸을 요청하는가? 차이밍량의, 물이 흥건한 아파트에 귀신처럼 기생하는 누수漏水의 인생들, 괴물이 된 청소년들, 게이 아들과 섹스하는 게이 아버지는, 탱화의 지옥도 한 귀퉁이에 그려진 인물들이 살아 돌아온 듯이 보이지 않던가? 혹은 허우 샤오셴이 〈남국재견〉(1996)에서 논두렁에 처박혀 움직이지 못하는 자동차를 멀리서 비출 때 우리 가슴을 때리는 통쾌한 망실감亡失感, 홍상수 영화가 폭로하는 생활의 상투성과 병리적 성격, 성장 없는 반복, 출구 없는 희극적 비열함은 또 어떠한가? 이들의 시네마는 반복과 허무와 유머의 환생 극장이다. 어떤 곳으로도 우리를 데려가지 못하는 길들, 침묵과 눌변, 세속의 완강한 물질성과 인간의 속악성을 관조하는 기이하게 따뜻한 눈빛, 식민과 전쟁의 그림자, 파편과 상처들, 자본주의, 조리 정연한 이야기의 불가능성, 소멸하지 않는 기억, 비에 젖어가는 도시의 건물들, 한 그릇의 따뜻한 국수, 혼돈의 술자리, 민중의 생존력, 소년들의 허세, 헛되이 회전하는 연애. 도쿄, 타이베이,

서울, 혹은 산시성이나 캘커타, 이 비루한 화염의 도시들. 내재성에 중독되고, 꿈에 중독되고, 꿈에서 깨어나는 꿈에 중독된 20세기의 보살들.

그런데 21세기의 벽두, 우리는 이 아시아 영화의 성좌에 또 다른 한 걸출한 감독이 합류하는 장면을 목격한다. 귀신, 동물, 퀴어, 그리고 남방 부처의 기묘하게 불안한 미소를 띤 태국 민중의 얼굴과 이산Isan의 정글을 끌고 들어와, 강력하고 신선한 영화적 체험을 선사한 아피찻퐁 위라세타쿤이 바로 그다.

반체제 인사이자 전방위적 예술가(사진, 비디오, 설치)인 동시에 국제적 명성을 구가하는 시네아스트인 아피찻퐁은 1970년 7월에 태국 방콕에서 태어났다. 의사였던 양친이 방콕을 떠나 태국 북동부 이산 지방의 콘캔으로 이주하면서 아피찻퐁은 유년기를 그곳에서 보낸다. 1994년에 콘캔 대학에서 건축학 학사를 받은 후 아피찻퐁은 미국으로 건너가 시카고 예술 대학에 입학, 유럽과 미국의 실험 영화 전통을 흡수하고 1997년에 졸업한다. 그는 사실 1994년 콘캔 대학 졸업 이후부터 이미 영화 제작을 시작했다. 1995년에는 방콕의 젊은 영화 제작자들을 위한 네트워크인 '9/6 시네마 공장'을 설립했고, 1999년에는 독립 영화제작사 '킥더머신'을 차린다. 하지만 그가 최초의 장편영화인 〈정오의 낯선 물체〉를 세상에 내놓는 것은 2000년에 이르러서다.

이 기발하고 과감한 작품에서 그는 초현실주의자들의 '우아한 시체'[2] 기법을 활용하여, 다수의 보통 사람들이 스스로 이야기를 만들고 변주하고 이어가게 하는 형식 실험을 수행했다. 우연히 촉발된 이야기가 입에서 입을 거치며 굴절되고 변형되면서 점점 더 흥미로운 양상으로 변해가는 과정. 마치 하나의 생각이 변이되는 만큼 그 정합성이 확보된다는 듯, 혹은 이질적인 것과 뒤섞이는 만큼 이야기의 생명력은 강력해진다고 말하듯, 감독은 허구와 현실을 뒤섞고 서사의 동일성을 전략적으로 포기함으로써 대안적이고 매력적인 스토리텔링의 가능성을 실험한다.

이 출중한 데뷔작 이후 그는 2002년에 〈친애하는 당신〉으로 칸 영화제의 '주목할 만한 시선' 부문에 초대된다. 2004년의 〈열대병〉은 칸의 심사위원상을 받고, 2006년의 〈징후와 세기〉는 태국 영화사상 최초로 베니스 영화제 경쟁 부문에 진출한다. 마침내 2010년에 아피찻퐁은 〈엉클 분미〉로 칸의 황금종려상을 수상한다. 그 후에도 2012년의 〈메콩 호텔〉, 2015년의 〈찬란함의 무덤〉, 2021년의 〈메모리아〉 같은 수작들을 계속 발표하며, 현존하는 가장 독창적이고 심오한 시네아스트 중의 한 사람으로 평가받고 있다.

멀티버스

아피찻퐁의 영화는 사랑의 기쁨과 그 심연에 대한 명상이다. 고통이 어디에서 오는지, 우리는 왜 고통을 멸할 수 없는지에 대한 응시다. 생명 속에서 지속하는 삭제할 수 없는 힘에 대한 긍정, 언제나 회귀하는 공허를 직시하게 하는 유혹이다. 동물과 식물과 숲의 생령生靈과 학살당한 귀신들을 초대하는 만찬이며, 인간 의식의 환각성과 환생에 대한 몽상이다. 분열 직전까지 끌어올려진 서정적 남성성, 퀴어의 아름다움과 폭력성, 구멍 뚫린 현재, 그 감미로운 지루함, 시간의 분열적 증식과 중첩에 대한 탐구. 태국 불상의 온화하고 무서운 미소를 닮은 인간들의 마음, 영원한 창조와 파괴, 그리고 그 안에서 살아가는 나와 너의 인연에 대한 영화다.

나는 아피찻퐁 작품들의 매혹을 각별하게 간직하고 있다. 그것은 좋은 영화가 (살면서 아주 가끔) 우리를 전율시키거나 마비시키는 비상한 경험이며, 어설픈 언어나 분석과 접촉하면, 마치 공기에 노출된 오래된 미라가 순식간에 기화하듯 급속히 소멸해버리는, 영화라는 매체 고유의 비非표상적 정동의 경험이기도 하다. 무엇이 아피찻퐁 영화를 이처럼 특별하게 만드는 것일까? 아마도 그가 이 세상의 어떤 비밀을 영화만이 가능한 방식으로 드러내 보여주기 때문이 아닐까?

〈정오의 낯선 물체〉를 소개하며 살펴본 것처럼, 아피찻퐁은 하나의 유일한 리얼리티, 단일하고 통일된 현실을 상정하지 않는다. 아피찻퐁이 구현하는 현실은 경직된 사실로 고착되어 있지 않다. 그것은 분화되고, 변이되고, 재창조되는 역동 속에 있다. 이런 점에서, 화이트헤드나 들뢰즈가 파악한 실재, 즉 과정적이고 생성적이며 잠재적인 '다양체multiplicité'에 가깝다. 세계는 수많은 시점(경험, 서사, 입장, 기억)에 열려 있는 일종의 '멀티버스multiverse'다. 〈엉클 분미〉에는 이를 보여주는 놀라운 장면이 나온다.

분미는 라오스에서 온 노동자들을 고용해 농장을 운영하는데, 불행히도 신장병으로 아랫배에 플라스틱 호스를 꽂고 투석을 하며 죽음을 기다린다. 하루는 처제 젠과 조카 통을 초대해, 어두운 야외에 차려진 식탁에서 함께 늦은 저녁 식사를 한다. 그때 환영처럼 어슴푸레한 무언가가 식탁의 빈 의자에 서서히 나타난다. 분미의 죽은 아내 후에이였다. 잠시 동요하지만 마치 아무 일도 없었던 것처럼 산 자들은 귀신과 인사를 나누고, 분미의 병과 일상에 대해서 대화를 한다. 얼마 지나지 않아, 숲의 어둠 속에서 붉은 눈을 번쩍거리며 온몸이 털에 뒤덮힌 원숭이 형상의 또 다른 귀신이 걸어와 식탁에 앉는다. 그는 분미의 실종된 아들 분송이었다. 사람이었을 때, 그는 사진에 취미가 있었다. 어느 날 정글에서 찍은 사진을 현상해보니 정체가 불분명한 무언가가 찍혀 있었고, 이에 강박적 관심을 느낀 그가 그 정체를 밝히러 정글로 들어갔던 것이다. 거기서 원숭이-귀신들을 만나 결혼하여 그 자신도 원숭이-귀신이 된 것이라고 그는 토로한다.

죽어가는 남자, 살아 있는 처제와 조카, 죽은 아내의 귀신, 동물-귀신이 된 실종된 아들, 이들이 함께 지금 밥을 먹고 있다. 아피찻퐁이 꾸려놓은 이 만찬의 식탁은 여러 차원의 현실들이 모순 없이 하나로 통합된 일종의 '내재성의 평면 plan d'immanence'(들뢰즈) 같은 것이다. 이 장면의 독특함은 귀신들이 나타나는 순간의 일상적 성격에 있다. 으스스하거나 공포스러운 분위기는 표현되지 않는다. 귀신은 이물감 없이 이승에 현신하고, 이승의 인간들은 그것을 자연스럽게 받아들인다. 성격을 달리하는 여러 리얼리티들이 어느 하나 부정되지 않은 채 동일한 장소에 뒤섞여 단일한 현실을 만들어내고 있는 것이다.

이성적으로 이해하기 어려운 상황이지만, 관객들은 영화를 보면서 이 장면의 현실감과 위세에 놀라고, 경탄하고, 약간은 마비된 상태가 된다. 강력한 미학적 효과가 발생한다. 우리는 어떤 새로운 영화적 현실이 창조되었음을 직감하고, 어떻게 이런 상상이 가능한지 의아해하며, 그 의미를 알고자 사고하기 시작한다. 이 순수 내재성의 식탁을 그려내는 순간, 아피찻퐁 시네마에는 차이밍량이나 홍상수에게서 잘 볼 수 없는 무언가가 장착되는데, 그것이 바로 정글이라는 장소의 힘이다.

아피찻퐁에게는 정글이 있다. 그것은 동물/인간, 죽음/삶, 과거/현재, 상상/현실이 뒤섞이는 무대다. 거기서 존재자는 모두 평등해진다. 인간-너머의 세계가 열린다. 귀신이 출몰하고, 죽은 자가 살아 돌아오며, 동물과 인간이 성교하고, 서로를 쫓고, 서로를 탐하고, 서로의 꿈속으로 들어가 꿈을 갉아먹고, 환생하고, 변신하는, 모종의 분열증적 교환이 발생한다. 정글은 인간적인 것의 바깥이다. 그것은 하나의 영혼이 다른 영혼과 만나는 공간, 생명의 근원을 이루는 힘들이 얽히고 펼쳐지는 곳이다. "지금 동남아시아에 뿌리내린 전근대적 우주론이 상정하는 바에 의하면 숲은 자아의 본질이 그 속으로 이륙해 가는 공간이다. 숲은 거친 자연과 사악한 영靈들의 영역인 동시에 아니마anima가 피난처를 찾는 장소이기도 하다. [⋯] 숲에서 인간이 동물 형태로 변신하는 것은 자유의 가능성 혹은 자아의 본질이 보존되는 것을 의미한다."[3]

아피찻퐁이 정글을 영화적으로 처음 발견한 것은 2002년의 〈친애하는 당신〉에서다. 〈열대병〉의 후반부에서 정글은 비로소 영화적 무게감을 확고히 획득하고, 〈엉클 분미〉에 이르면 역사적 실체를 선명히 드러낸다. 그것은 이산 지방의 역사와 집합 기억에 뿌리를 내리고 있다.

이산은 매우 복잡한 이주 역사를 갖고 있다. 19세기 말에 태국에 병합된 이 지역은 태국 본토와 종족적 구성이나 언어가 달라서 언제나 이질적 장소로 여겨졌다. 20세기 내내 경제적으로 낙후된 빈곤 지역으로 머물러 있었고, 중앙으로부터 차별 대우를 받았다. 냉전기에는 공산당과 반정부 세력의 은거지가 된다. 〈엉클 분미〉가 촬영된 마을 나부아는 1960~70년대에 공산주의자들에 대한 박해 과정에서, 수많은 주민들이 고문받고 살해되는 고통을 겪었던 역사적 현장이다.[4] 영화에서 분미는 자신이 신장병에 걸린 것을 인과응보라고 생각한다. 젊었을 때 그는 공산군 토벌대로서 수많은 공산주의자들을 사살했던 것이다. 귀신이 나오는 정글은 이처럼 상상의 산물도 허구도 아닌 실제 역사에 뿌리를 내린 장소다.

<열대병>

아피찻퐁의 멀티버스는 표상과 실재에 대한 그의 독특한 철학을 반영하고 있다. 풀어 말하자면, 이 태국 불교도 예술가의 사변적 존재론은 단 하나의 궁극적 실재가 있고, 수많은 이차 재현들(해석, 관찰, 표현)이 그것을 사후적으로 표상한다는 발상을 허용하지 않는다. 왜냐하면 아피찻퐁에게 실재는 언제나 이야기된 실재, 기억된 실재, 꿈꾸어진 실재, 체험된 실재이기 때문이다.[5] 이런 점에서 〈열대병〉과 구로사와 아키라의 〈라쇼몽〉(1950)을 비교해 보는 것은 제법 흥미로울 수 있다.

〈라쇼몽〉은 '실제 벌어진 살인'과 그에 대한 여러 '재현들(법정 진술들)'의 차이가 극명히 제시되고 또 서서히 해소되어가는 서사적 리듬을 타고 전개된다. 영화를 이끄는 질문은 '누가 사무라이를 살해했고, 누가 그 아내를 범했는가'이다. 법정에 소환된 나무꾼, 도둑, 아내, 그리고 (무당이 불러낸) 사무라이의 영혼은 이미 벌어진 사건에 대해 서로 상충하는 증언을 제시한다. 사건은 하나인데 재현이 다수인 것이다. 구로사와가 이를 해소하는 방식은 가짜 재현을 걷어내고 참된 재현을 제시하는 것이다.

최후의 진실은 나무꾼의 입을 통해 발설된다. 나무꾼은 사건 현장에서 단도를 훔쳤었다. 이를 숨기기 위해 그는 다른 모든 증인들이 그랬듯이 법정에서 거짓 증언을 했던 것이다. 인간 세계의 타락을 질타하듯, '나생문(라쇼몽)'의 기왓장과 포석을 깨어버릴 것처럼 거세게 쏟아지는 폭우 아래서 그는 회심하고(이 남성적인 빗줄기는 〈7인의 사무라이〉에서 마을을 지키는 최후의 전투에서도 쏟아진다),[6] 실제로 자신이 목격한 바를 이야기하기 시작한다. 이 최종 진술이 사건을 재현하는 순간 영화는 끝난다. 〈라쇼몽〉이 단순히 인간의 부도덕을 고발하는 영화가 아니라 재현과 실재의 관계에 대한 철학적 성찰을 담고 있는 영화라면, 그것이 『금강경』의 유명한 사구게四句偈를 연상시키는 것도 무리는 아니다.

凡所有相 (무릇 모든 곳에 상相이 있되)

皆是虛忘 (그 상이 다 허망한 것이니)

若見諸相非相 (만일 모든 상이 상이 아님을 보면)

卽見如來 (그 즉시 여래를 보리라)

실체 없는 텅 빈〔空〕 현상 너머 존재하는 실재에 도달할 수 있다는 이 낙관은 아피찻퐁 시네마에서는 찾아보기 어렵다. 〈열대병〉이 대표적이다. 영화는 군인 켕과 노동자 통이

사랑을 기억하는 두 방식을 전반부와 후반부에 배치된 각기 다른 이야기를 통해 그려낸다.[7]

전반부에서 두 청년은 서로에게 호감을 느끼고, 애정의 미묘한 기호들을 발산하고 교환하며, 대도시의 여러 공간을 배회한다. 그것은 해맑은 웃음, 추파, 설렘, 그리고 환경의 세부에 이르기까지 욕망의 화사함이 아롱거리며 침투한 몽환적 멜로드라마의 세계다. 그런데 흥미롭게도 이 연애는 정확히 설명되지 않은 어떤 장애물에 걸려 있는 듯한 인상을 준다. 좀더 적극적인 켕과 달리 통의 태도는 다소 모호하고 불투명하다. 영화는 이에 대한 어떤 설명도 제공하지 않은 채 종결을 향해 간다. 전반부 마지막 장면에서 켕은 어두운 가로등 아래 통의 손에 입을 맞추며 성적 욕망을 드러낸다. 통은 미소를 거두고, 켕의 주먹을 혀로 정성껏 핥아준다. 마치 애완견이 주인의 손을 핥듯이. 연민이나 이별의 제스처처럼 보이는 이 짧은 애무를 뒤로하고, 그는 어둠 속으로 아련히 사라진다.

후반부는 전반부와는 완전히 다른 상황과 분위기 속에서 전개된다. 양자를 연결하는 것은 오직 인물들의 동일성이다. 통이 사라져버린 방에서 혼자 깨어난 켕은 마을에 나타난 호랑이-귀신을 사냥하기 위해 무장한 채 정글로 들어간다. 그리고 집요한 추적 끝에 나체로 정글을 헤매는 호랑이-귀신이 된 통과 대면하게 된다. 마치 전생을 기억하지 못하지만 과거의 업業에 사로잡혀 새로운 생에서도 계속 관계를 이어가는 사람들처럼, 두 남자는 정글 속의 호랑이-귀신과 그를 사냥하는 군인으로 변신/환생하여 추격, 집착, 도주, 매복, 살해의 격렬한 관계에 얽혀들게 된다. 미소와 화사함이 지배했던 전반부와 달리 야생의 정글에서 극한의 추격을 벌이며 대치하는 통과 켕의 관계는 인간적 의미와 도덕의 한계를 넘어서는 원초성을 보여준다. 그것은 잡아먹음으로써 자신에게 타자를 동화시키거나, 잡아먹힘으로써 포식자와 동화되는 파괴/재생의 동물적 관계다. 나무 위에 올라가 자신을 쫓아온 사냥꾼을 압도하며 그를 응시하는 호랑이와 반딧불로 온통 뒤덮인 거대한 나무의 신비로운 아우라는 이 후반부를 애니미즘적 영성으로 충만하게 만든다.

서사적 환생

〈열대병〉을 이루는 두 이야기는 사랑(인연)에 대한 반복되는 서사로 읽힌다. 전반부가 통이 기억하는 기쁘고 설레는 사랑의 이야기라면, 후반부는 켕의 입장에서 기억된 고통스러운 구애와 집착의 이야기다.[8] 누구의 기억이 더 옳은 기억이며 정확한 표상인지는 중요한 것이 아니다. 이 두 서사, 두 실재는 그 자체로 외로이 각자의 진실을 짊어지고 있다.

켕의 세계는 켕이 살아낸 자신의 사랑의 세계다. 그것은 통이 겪은 온화한 연애와 달리 격렬한 투쟁의 역사로 다시 서술된다. 욕망의 불길이 일어나 대상을 맹목적으로 쫓으면서 존재 전체를 던지는 켕에게 사랑은 맹수와 귀신을 사냥하는 행위와 같이 절박하고 위험한 것이다. 이 거친 욕망의 추구는 인간성의 테두리를 범람하는 에너지로 일렁거린다. 이야기가 애니미즘을 향하는 것은 바로 이 때문이다. 욕망의 세계에서, 생명에 대한 애착과 갈망 속에서, 인간과 동물과 식물과 귀신은 본질적으로 구별되지 않는다. 거머리는 켕의 피를 갈망하고, 켕은 호랑이-귀신을 갈망하고, 호랑이-귀신은 먹이를 갈망한다. 이 갈망의 네트워크 속에서 모든 존재자는 욕망하는 기계이며 서사의 주격主格으로서 자기 고유의 실재를 맹렬히 창조하고 있다.

〈열대병〉은 두 사람이 함께 살아낸 공통의 사랑도 궁극적으로는 서로 다른 두 실재로 분열되어 있었음을 보여준다. 그 깊은 친밀성의 영역에서조차 우리는 하나가 될 수 없다. 우리는 그저 자신이 만든 기억과 관점과 이미지와 욕망의 구축물에 갇혀 살아간다. 이것이 어쩌면 영화, 뇌, 생명의 쓰라린 공통점일지도 모른다. 〈열대병〉의 전반부와 후반부가 소통하지 못하듯, 통과 켕은 분리된 채 하나로 융합되지 못한다. 통의 실재는 켕의 실재와 접점이 없다. 이들은 모나드다. 이들이 할 수 있는 최대치의 접촉은 짧은 시간 주먹을 핥아주는 것, 혹은 죽여 그 살을 먹음으로써 영혼을 흡수하는 것뿐이다.

아피찻퐁의 영화가 “환생의 시네마”[9]라 불리는 것은, 단순히 그의 인물들이 환생을 믿거나 환생을 자주 언급한다는 의미에서가 아니다. 그가 말하는 환생은 근본적인 서사의 차원에서 이해될 수 있다. 아피찻퐁에게 이야기는 그 자체로 하나의 실재다. 그 안에서 형상들figures이 주체이자 행위자로 살아가는 것이다. 부처가 『본생경』의 수많은 삽화들을 하나씩 거쳐가며 윤회했듯이, 아피찻퐁의 인물들도 차이를 두고 반복되는 이야기들을 거쳐가면서 끝없이 다른 생을 살아낸다. 이것은 일종의 '서사적 환생'이라 불릴 만하다. 영겁회귀하는, 반복되는 생의 이야기들을.

그렇다. 한 번의 삶은, 단 한 번의 행위처럼, 한 번 읽히거나 오직 한 번 서술된 이야기처럼, 어떤 것도 바꾸지 못한다. 어떤 것도 만들지 못하고, 어떤 것도 파괴하지 못하며, 어떤 것도 보존하지 못한다. 어떤 변화도 가져오지 못한다. 두 번의 삶, 두 번의 행위도 마찬가지다. 세 번, 네 번, 백 번, 천 번, 혹은 만 번도 마찬가지다. 우리가 숫자로 셀 수 있고 기억할 수 있고 그 효과를 계산하고 측량할 수 있는 모든 행위는 참된 반복, 무시무시한 반복, 파괴하고 창조하는 반복이 아니다. 셀 수 없을 정도로 많아서 영원하다 밖에는 말할 수 없는, 너무나 무의미한 것처럼 보여서 그저 절망적인, 그러나 우리가 살아 있는 생명이기에 결코 멈출 수 없는 그런 끔찍한 반복 속에서만 무언가가 이루어진다.

우리가 살아 있는 동안, 그 의미를 계산하지 않은 채 호흡을 반복하듯이, 심장의 박동이 반복되듯이, 그저 반복하고 다시 반복하고 또 반복하는 것, 그것이 우리에게 가져다줄 어떤 귀한 가능성이 있다는 것. 환생의 참된 의미는 이것이 아닐까?

우리가 소멸하지 않고 계속 다시 태어나 계속 다시 살아 나가는 존재라는 이 숨 막히는 관념은 세계가 영원한 동일성 속에 갇혀 있음을 역설하는 사상으로 오해되어서는 안 된다. 환생의 상상력 속에서 세계의 변화는 오직 반복을 통해서만 가능한 어떤 것이다. 반복을 통해서만 다른 형상이, 다른 이야기가, 다른 세계가 창조된다. 환생은 소모나 폐쇄가 아니라 생산이자 창조며, 바깥으로 나가는 구멍을 뚫는 천공穿孔 작업이다. 내재성의 저주가 아니라, 누구도 아직 알지 못하는 미지의 무언가를 만드는 실천이다. '변화=반복'이라는 극한limit은 우리의 체험을 벗어난 곳에 있다. 마치 두 평행선이 만나게 될 어떤 미지의 점처럼. 홍상수나 차이밍량이 집요하게 파고든 이 내재성의 반복 극장이 아피찻퐁에 이르면 이처럼 더 진화된 모습을 보여준다. 내가 그것을 깨닫게 된 것은 〈친애하는 당신〉의 마지막 장면을 보고 받은 각별한 감흥 속에서였다.

침잠

물가에 연인들이 앉아 있다. 미얀마에서 온 불법 체류자 민과 그의 애인 룽이다. 민은 알 수 없는 이유로 피부가 뱀처럼 벗겨져가는 질병으로 고통받고 있다. 룽은 장난감 공장에서 일하면서 민을 돌본다. 이들은 태국과 미얀마 국경 지대의 정글 깊은 곳으로 소풍을 왔다. 하릴없이 숲을 배회하다가 아늑한 냇물을 발견하고 거기 자리를 잡은 참이다. 시냇물은 햇빛 아래 영롱하게 반짝이고, 잔물결의 그림자가 얕은 바닥에 몽환적으로 아롱거린다.

카메라는, 정글의 녹색빛에 녹아들며 냇물에 발을 담근 두 사람의 등을 비춘다. 여자는 허리를 굽히고 남자를 애무하고 있다. 성애의 유희가 끝나고 나른해진 이들은 평평한 물가에 함께 누워 휴식을 취한다. 이제 카메라는 혼곤한 두 육체가 잠에 빠져드는 것을 롱테이크로 보여준다. 프레임 안에 민의 상반신과 룽의 얼굴이 클로즈업된다. 우거진 수풀이 드리운 얼룩덜룩한 음영 아래, 룽은 서서히 졸음 속으로 잠겨든다. 잠에 함몰될 때 그녀의 눈동자는 귀신의 눈동자인 양 풀려 희미해지고, 어떤 소리가 들려와 잠에서 끌려 나오면 눈에는 다시 초점이 잡힌다. 그녀는 졸음 속으로의 침잠과 각성을 오랫동안 반복하다가 마침내 정신을 차린 듯 카메라를 직시한다. 그렇게 영화는 끝난다.

잠드는 순간만큼 사적인 시간이 또 있을까? 잠에 빠지는 육체를 응시하는 저 행위는 외설과 관능 사이의 어떤 경계선 위에 위태롭게 머문다. 그것이 외설적일 수 있는 이유는, 잠드는 순간의 신체가 어떤 벌거벗은 몸보다 더 생생하게 한 인간의 내밀성을 적나라하게 드러낼 수 있기 때문이다. 외설이란, 주체성이 해체되고 순수한 생리生理로 돌아간 육체의 헐벗음이다(이런 점에서 가장 외설적인 인간 현상은 공개적 시선에 드러난 부패하는 시체일 것이다). 그런데, 잠에 빠지는 순간은 단순히 가장 사적인 시간일 뿐만 아니라 한 개체가 진화하는 과정에서 통과했던 생물학적 역사(환생)를 거슬러 오르는 '유적類的' 시간이기도 하다.

잠은 진화의 역행이다. 가령 그 통제할 수 없는 짧은 순간, 우리는 동물적 활동성을 거두고 식물적 수동성의 상태로 변신한다. 동물과 식물이 분화된 이후 흘러간 5억 년이라는 압축적이고 농밀한 시간을 건너뛰어 우리는 순식간에 식물이 된다. 하품은 그 전환의 한 신호다. 하품 속에서 우리는 절반은 동물이고 절반은 이미 식물이다. 혹은 잠의 경계 너머 꿈으로 들어가면, 우리는 식물보다 더 오래된 과거를 다시 살게 되는 것일지 모른다. 꿈에서 우리는 물고기가 되고, 원생생물이 되고, 혹은 생명 이전의 원시 바다의 끈적끈적하고 뜨거운 액체가 되는 것은 아닐까?

종종 가위에 눌려 마음대로 걷지도 달리지도 못하고 괴로워할 때, 발이 바닥에 달라붙고 의지대로 사지가 움직이지 않고 중력에 붙들려 어딘가에 고착되어가는 상태의 갑갑함에 몸부림칠 때, 우리는 시뻘겋게 흐르다가 천천히 식어 굳어져가는 용암의 괴로움을 꿈의 형식으로 반복해 살아내고 있는 것은 아닌지. 높은 곳에서 떨어지는 공포에 시달리는 꿈속에서 우리는, 기화하여 구름이 되어 흐르다가 무거워져 땅바닥으로 곤두박질쳐 내려가는 빗방울들의 감각을 다시 사는 것은 아닌지. 룽의 얼굴에 잠과 각성이 미묘하게 교차하며 흘러가는 저 5분의 롱테이크는 이처럼 진화의 장구한 시간, 인간 육체를 이루는 무수한 물질들이 겪어온 전생의 시간들이 그 안에서 이미지로 가시화되는 모멘트들이 아닌지.

적어도 나에게 저 롱테이크의 매혹은 거기 흐르는 시간의, 맥박 뛰듯 생생하게 느껴지는 물질성과 거의 촉각적으로 육박해오는 실감에서 솟아나는 듯 느껴진다. 시간의 순수한 질료적 물성이 증기처럼 육안에 스멀거리며 감겨오는 듯하다. 들뢰즈가 말하는 시간-이미지의 가장 뛰어난 영화적 표현물을 나는 저 장면에서 발견한다. 혹은 이렇게 말하는 것은 어떨까? 아피찻퐁 영화는 스크린으로의, 흐르는 이미지 속으로의 입수入水를 촉구하는 유혹 또는 끌어당김이라고. 우리는 그의 영화를 '보는' 것이 아니라, 사실은 영화에 끌려들어가 영화 속에 '잠겨'간다. 물감이 서서히 물에 풀리듯, 꿈이나 잠 속으로 의식이 천천히 녹아내리듯, 이미지의 흐름 속으로 녹아 침잠하는 체험. 뜨거운 목욕물에 잠겨 있을 때 우리가 종종 느끼는 해체의 나른함. 일종의 용해감溶解感. 시간의 마디가 다 풀어지고 노곤노곤해져 물질과 자아와 생각이 묽은 액체로 뒤섞여버리기 직전의 아슬아슬하고 불안한 기쁨 같은 것.

잠긴다는 것, 즉 침잠은 바다에서 태어나 진화해온 (인간을 포함한) 모든 생명체가 소유하고 있는 가장 원초적인 감각이다. 그것은 생명의 근본적 존재 양태다.[10] 식물이건, 동물이건, 곤충이건, 미생물이건 지구상의 모든 생명은 바닷물 속에서 헤엄치며 살아갔던 '어류적魚類的' 체험을 은밀히 간직하고 있다. 우리는 뭍으로 올라온 물고기다. 우리의 핏속에는 바닷물이 고여 있다. 우리는 피부에 감싸인 채 활동하는 물방울들이다. 식물은 푸른 가지를 뻗어가는 물방울들이며, 곤충은 변신하는 물방울들이다. 우리는 분화된 바닷물, 분열된 대양이다. 갈라져 나온 바다의 분신이다. 육지로 올라와서 잠깐 살아가고 있지만, 죽음을 맞이하면 다시 외피가 깨지고, 우리 안의 물방울들은 대지에 스며들 것이다. 증발하거나 결국 다시 바다로 흘러갈 것이다.

영화는 생명의 처음을 규정했던 이 침잠의 체험을 다시 살게 하는 장치가 아닐까? 뇌=스크린에 영사되는 세계의 이미지들과 그 운동들, 우리 삶의 기억과 풀려 나오는 과거들이 이루는 유체적 세계. 우리가 헤엄치는 영혼이 되어 바라보는 세계, 우리가 다시 물방울이 되어 바라보는 세계, 그것은 보존된 기억들 너머로 잔존하고 있는, 어떤 방법으로도 삭제할 수도 파괴할 수도 없는, 부정할 수도 망각할 수도 없는 깜깜하고 막막한 이미지들의 세계이다. 이미지 속에 침잠할 때 우리는 비로소 존재한 적 없는 것에 대한 기억을 만난다. 물고기처럼 늘 도망치는, 도망적逃亡的 존재들에게 주어지는 짧고 짜릿한 구원.

#

어두운 운동장에서 축구를 하는 소년들.

아피찻퐁 영화의 아름다운 장면.

#

<찬란함의 무덤>. 꿈속에서 꽃의 향기를 맡는 사람.

꿈속에서 빛의 온도를 느끼는 사람.

꿈속에서 전쟁에 나가는 병사들.

꿈속에서 다른 사람의 꿈으로 들어가는 사람들.

꿈에서 깨어나는 꿈을 꾸는 사람들.

#

아피찻퐁 영화에서 병원은 중요한 장소이다.
<정오의 낯선 물체>에서 처음 등장하는 의사와 환자의
대면 상황은 <친애하는 당신>이나 <열대병>에도 나타나고,
<징후와 세기>와 <찬란함의 무덤>에서는 아예 영화 전체의
주된 배경으로 설정되어 있다. 거의 모든 장편에 특별한 공간으로
병원이 등장하며, 특별한 존재로서 환자가 등장한다.
즉, 아피찻퐁이 그리는 많은 인물은 병들어 있거나,
장애를 갖고 있거나, 사고 후유증에 시달린다.
<친애하는 당신>의 민은 피부가 벗겨져 나가는,
정체를 알 수 없는 피부병에 시달린다.

#

<찬란함의 무덤>의 군인들은 잠에 빠져드는 불가사의한
기면증으로 침대에 누워 자고 있다. <징후와 세기>에는
여러 형태의 질병을 앓는 자들이 나오며, <열대병>에서 얼음 공장
노동자 통의 늙은 개도 암에 걸려 수술을 받아야 한다.
<엉클 분미>의 주인공 분미는 신장병으로 죽어간다.
감독의 페르소나로서 여러 영화에 출연했던 배우
젠지라 퐁파스Jenjira Pongpas는 2003년에 오토바이 사고를 당해
큰 수술을 하고, 장애의 몸으로 다리를 저는 모습 그대로
아피찻퐁의 영화에 출연한다.
환자란 무엇인가?

#

어원적으로 ‘patient’(환자)는 겪는다,

감수한다는 의미를 가진 라틴어 동사 ‘pati’에서 왔다.

환자는 아픈 사람이기 이전에

행위와 작용을 겪는 존재를 지칭하는 일반명사다.

내가 책상을 주먹으로 때릴 때, 나는 행위자agent고

책상은 (내 주먹의 타격을 감수한다는 점에서) 감수자patient다.

내가 누군가를 가르칠 때, 나는 행위자고 학생은 감수자다

(하지만 많은 경우, 누군가를 가르치면서 사실 더 많은 것을

배운다는 점에서 선생이 감수자고 학생이 행위자이기도 하다).

이런 감수자의 처지, 그의 상황, 그의 존재,

그리고 무언가를 감수할 수 있는 힘과 능력 자체,

그리고 감수 속에서 형성되는 또 다른 힘,

이 모든 것을 페이션시patiency라 부른다.

#

아피찻퐁 영화는 페이션시의 영화다.
환자는 통상적인 의미에서 아무런 행위능력agency을
갖지 못한다. 이들은 수동성과 무기력 속에서 치유와
회복 또는 소생을 기다리며 누워 있거나 잠잔다.
그러나 아무것도 하지 못하는 이 무능력이 역설적으로 발산하는
힘이 있다. 주변의 누군가를 스스로에게 당겨오는 힘이다.
환자는 약하다. 하지만 그 약함은 다른 존재를 자신 쪽으로
끌어당겨 자신을 돌보게 한다. 자신 주변에 머물게 한다.
더 나아가서 아픈 자를 돌보는 자는 죽지 못한다.
누군가를 돌봐야 하는 자신을 돌보지 않을 수 없다.
그래서 아픈 자는 돌보는 자를 죽지 못하게 한다.

#

케어하는 자는 아플 수 없다.

아플 시간과 여력이 없다.

자신의 아픔은, 케어 대상이 겪는 아픔 앞에서,

숨겨지거나 미루어지거나 은폐되어야 한다.

케어란 건강이 아픔을 돌보는 것이 아니라,

하나의 은폐된 아픔이 드러난 아픔을 돌보는 것이다.

발현되지 못하고 안으로 눌려지는 이 견딤은 케어가 끝났을 때

비로소 나타난다.

#

누군가 아플 때, 우리는 그의 곁을 떠나지 못한다.
발이 묶인다. 오직 아픈 자만이 누군가를 움직임으로부터,
이동으로부터 끊어내고, 자신의 주변에 묶어둘 수 있다.
자유에 제한을 가하는 이 묶임은 모든 도덕성의 바탕에 자리한다.

가령 아피찻퐁의 <친애하는 당신>의 마지막 장면에서
룽을 외설에서 보호하는 것은 민의 현존이다.
룽은 잠든 민의 옆에 아기처럼 같이 누워 있다.
룽이 케어하던 아픈 민이 이제 그녀의 옆을 지키고 있다.
아픈 자는 육체가 아니라 관계로서,
도덕적 명령으로서 현존하는 것이다.

아빠가 자신을 떠나지 못하도록 차라리
아프기를 선택한 아이처럼. 아빠는 아픈 아이에게 자신의
모든 마음을 붙들어 맨다. 시간이 지나 꾀병을 부리던 아이가
다시 새끼 고양이처럼 활발해지면, 그제야 비로소 아빠는
일을 시작할 수 있다. 이런 묶임이 동물들의 세계에서 나타날 때,
우리는 말할 수 없는 슬픔과 연대감을 느낀다.
죽은 동료나 자식 또는 부모의 곁을 떠나지 못하는 개들,
아파 움직이지 못하는 새끼를 업고 다니다가,
죽은 이후에도 마치 아직 살아 있는 듯이
여전히 새끼를 업고 다니는 유인원들.

#

나무 관세음보살.

2장

세계에 대한 믿음

안드레이 타르콥스키

봉완: 그럼 아름이는 믿는 게 뭐야?
아름: 저는 제 자신이 주인이 아니라는 거, 주인공이 아니라는 것을 믿어요. 절대로 아니라는 거. 그리고 두번째로는 언제든 죽어도 된다는 걸 믿어요. 정말로 괜찮다는 걸 믿어요. 셋째로는 모든 게 괜찮다는 걸 믿어요. 모든 게 다 사실은 아름다운 것일 거라는 걸, 영원히, 이 세상을 믿어요.[1]

귀신 되기

카메라가 누군가의 기억 속으로 이동해 간다. 1930년대 러시아 숲속의 집. 기억 속에 살아서 늙은 적 없는 엄마가 머리를 감고 있다. 기억 속에 살아서 성장한 적도 죽은 적도 없는 강아지가 잠들어 있다. 영원히 방울방울 떨어져야 하는 기억 속 식탁에 흘린 기억 속 우유를 기억 속의 고양이가 핥고 있다. 고양이의 정수리에 하얀 설탕을 몰래 뿌리는 개구쟁이. 허름한 벽으로 흘러내리는 물줄기. 천장에서 쏟아져 내리는 회백색 자재들. 불타는 헛간. 내리는 빗방울. 평범한 가구들.

카메라가 누군가의 기억 속으로 이동해 간다. 수상한 활기를 띤 바람이 불어온다. 유리창이 깨지고 닭이 퍼덕이며 창밖으로 날아간다. 귀신 들린 듯 물결치는 식물들. 쏟아져 내리는 낙엽들. 테이블 위 램프와 빵은 휘청거리고, 돌풍을 피해 아이는 집으로 뛰어간다. 어두운 실내까지 바람이 불어와 빨랫줄에 널린 하얀 천들은 깃발처럼 휘날린다. 거울 속에, 우유가 찰랑대는 유리병을 든 까까머리 소년이 서 있다. 소년을 비추는 빛은 어디서 오는가? 영혼이 있다면, 그것이 바라보는 세계는 저런 광채를 띠고 있을까? 썩은 나무 위로 벌레들이 기어가고, 우물에는 깨진 그릇과 낙엽이 고요히 잠겨 있다. 기억 속에서 아직 헤어지지 않은 엄마와 아빠는 풀숲에 누워 미래를 묻는다. "아들을 낳을까, 딸을 낳을까?" 엄마는 대답 없이, 너무 아름다워 차라리 마음이 아파지는 풍경을 바라보며 눈물을 흘린다. 사랑의 순간들은, 우리가 살아간 모든 시간은 상실되지 않는 것, 결코 소멸하지 않는 것. 언젠가 부활하는 것. 이미지라는 뼈와 살을 입고.

오래전 파리에서 안드레이 타르콥스키의 〈거울〉을 처음 보았다. 다음 날 다시 극장을 찾았고, 그다음 날 또 극장을 찾았다. 영상이 눈동자를 적시고, 머리칼을 적시고, 피부에 스며들어왔다. 타르콥스키 시네마의 힘. 특유의 롱테이크와 슬로모션이 만들어내는 유장한 흐름에 휘말리면, 우리는 귀신같이 순수하고 무력한 시선이 되어 그가 창조한 어떤 장소, 어떤 시간, 어떤 상황에 깃든 기묘한 밀착감을 체험한다. 우리는 귀신이 된다. 영화 속 세계는 현실보다 더 실재적이다. 우리는 귀신이 된다. 귀신이 되는 기쁨. 우리가 귀신으로 출몰하는 바로 그 세계에서 살아가는 사람들을 보는 기쁨. 이것은 영화가 줄 수 있는 체험 중에서도 희귀한 것에 속한다. 귀신-관객은 타르콥스키가 창조한 세계에 질투를 느낀다. 귀신-관객은 그 안으로 들어가 살고 싶다는 욕망을 갖는다. 〈거울〉을 보고 감동한 소련의 한 여성 노동자가 타르콥스키에게 보냈다는 다음의 편지가 하고자 한 말이 바로 그것이 아닐까?

"나는 당신의 영화를 일주일 동안 네 번 봤습니다. 〔…〕 나를 괴롭히는 것, 내게 부족한 것, 내가 동경하는 것, 나를 화나게 하는 것, 구역질 나게 하는 것, 나를 숨 막히게 하는 것, 내게 밝고 따뜻한 것, 내가 살아 있게 하고 내가 파멸하게 하는 것… 이 모든 것을 당신의 영화에서 거울 속을 들여다보듯이 봤습니다. 내게는 처음으로 **영화가 현실이 됐습니다**. 내가 당신의 영화를 보러 가는 이유, 잠시 **그 속에 들어가 살려는 이유**가 바로 여기에 있습니다."[2]

안티-돈키호테

들뢰즈에 의하면, 20세기 영화의 뿌리에는 가톨릭 영성이 존재한다. 로셀리니, 브레송, 파솔리니, 베리만 영화에 면면히 흐르는 기독교적 심성은 이를 잘 보여준다. 그런데, 중요한 것은 이 믿음이 '신'이나 '초월적인 것'을 향한 것이 아니라는 사실이다. 영화는 운동-이미지와 시간-이미지를 통해 (신과 인간의 관계가 아니라) 세계와 인간의 관계에 집중한다. 홀로코스트와 1, 2차 대전을 겪으면서 세계는 하나의 나쁜 영화가 되어버렸다. 20세기의 이 잔혹성, 부조리, 무의미를 대면한 이후에도 우리는 어떻게 이 세계를 믿을 수 있는 것일까? 영화는 그렇게 묻는다. 목적도 이유도 없이 악과 고통에 침윤되어 있고, 결코 정화될 수 없을 것처럼 보이는 이 사악한 세계에서 "우리는 어떤 점에서 아직도 경건한가?"[3] 이것이 영화가 던지는 철학적 질문이라고 들뢰즈는 쓴다.

"현대적 사실, 그것은 우리가 더 이상 이 세계를 믿지 않는다는 것이다. 우리는 사랑이나 죽음처럼 우리에게 일어나는 사건들조차 믿지 않는다. 〔…〕 인간과 세계의 관계는 파괴되었다. 이제 믿음의 대상이 되어야 하는 것은 바로 이 관계다. 〔…〕 영화는 세계가 아니라 이 세계에 대한 믿음을 찍어야 한다. 이 믿음이 우리의 유일한 관계이다. 사람들은 종종 영화적 환상의 본성에 대해 자문하고는 했다. 우리에게 다시 세계에 대한 믿음을 주는 것, 이것이 바로 현대 영화의 힘이다(나쁜 영화가 되기를 그칠 때 말이다). 기독교인이건 무신론자이건, 우리의 보편적인 정신분열증 속에서, 우리는 **이 세계를 믿어야 할 이유들이 필요하다**."[4]

세상에는 정의正義를 믿는 자, 역사를 믿는 자, 권력이나 폭력, 사랑, 과학 또는 지식을 믿는 자가 있다. 인간을 믿는 자, 기적을 믿는 자, 자신의 상처나 운명을 믿는 자도 있다.

하지만 '세계'를 믿는다는 것은 무엇인가? 어디서 우리는 그것을 배우는가? 들뢰즈에 의하면, (좋은) 영화를 통해서 배울 수 있다. 어떤 의미에서 영화는 20세기에 나타난 새로운 예배의 형식이다. 그것은 '인식' 장치나 '오락' 장치이기 이전에 '믿음'의 장치였다. 교회나 성당이 아닌 극장에서 수행되는 예배. 영사기에 감긴 셀룰로이드 스트립에서 방사된 몇 줄기 희미한 빛에 떠도는 먼지와 냄새, 스크린에 나타나고 사라지는 환영이 지배하는 단 몇 시간. (삶의) 빛에서 상실한 것을 (극장의) 어둠 속에서 회복하는 단 몇 시간의 예배.

20세기의 아이들은 스테인드글라스를 뚫고 오는 빛 또는 십자가상 너머에 서려 있는 비가시적 초월성이 아니라, 은막에 쏘아지는 세속적이고 물질적인, 운동하는 이미지들을 숭배했다. 다른 고장의 풍경, 타인의 인생, 가보지도 경험하지도 못한 실재에 대한 실감. 내 밖에, 내 인식 외부에 무언가가 있다는 것. 나와 똑같은 살, 신경, 뼈로 살아가는 사람들, 생명체들, 그리고 사물들이 거기 있다는 사실. 어두운 극장에서 꿈처럼 지나가는 환영을 통해 획득되는 실재의 촉감. 그것이 영화의 영성靈性이다. 그래서일까? 엔딩 크레딧이 내려가고 햇빛에 눈을 찡그리며 극장을 나설 때, 우리는 언제나 약간의 현기증과 수치심을 느끼며, 금지된 신을 숭배하고 온 자들처럼, 영화가 주던 기만적 현실감을 결코 압도하지 못하는 저 허약하고 구멍 뚫린 공허한 실제 세계로 어색하게 숨어들지 않던가?

이런 점에서, 책과 영화의 차이는 현저하다. 책은 영화와 달리 세계를 믿게 하는 대신 상상하고 표상하게 한다. 책의 이런 힘이 병리적 수준까지 발휘되었을 때 나타나는 환상의 위력을 예리하게 포착한 것은 세르반테스다. 17세기 초반에 출판된 『돈키호테』에서 라만차의 돈키호테는 기사도 문학을 탐독하며 형성한 자신의 환상 시스템 속에서 살아간다. 그의 환상은 현실보다 더 현실적이어서 급기야 세계 자체를 대체하기에 이른다.

돈키호테에게 풍차는 풍차가 아니며, 시골 여자도 시골 여자가 아니며, 세계도 세계가 아니다. 풍차, 여자, 세계는 그 자체가 아닌 다른 무언가의 '기호'이며 '상징'이다. 하지만 우리를 실소하게 하는 이 오인誤認은 돈키호테가 대표하는 구텐베르크적 인간의 본질을 드러내는 의미심장한 징후다. 구텐베르크적 인간에게 실재하는 세계는 만져지지도 인식되지도 체험되지도 않는 무언가다. 여행도 모험도 편력도 모두 그들의 환상 속 사건일 뿐이다. 그는 세계를 그 자체로 인지하지 못하는 한에서만 상징의 추상적 세계를 향유할 수 있는 언어의 인간, 독백의 인간이다. 사물과 분리된 기호의 놀이 속에서 살아가는 해석자다. 돈키호테는 19세기 이래 서구 근대가 만들어내는 표상적 인간의 원형이다. 칸트, 소쉬르, 라캉의 인간은 모두 선험적 범주들, 랑그langue 혹은 상징계의 감옥에 갇힌, 그러나 그 감옥의 힘으로 주체가 되는 영광스런 수인囚人이 아니던가?

영화는 이 구텐베르크 은하계의 '바깥'으로 가는 한 출구다. 비상구exit다. 영화적 인간은 안티-돈키호테다. 그는 꿈을 꾸지도, 구성하지도, 해석하지도 않는다. 세계를 자신의 의지대로 능동적으로 자유롭게 상상하지 못한다. 그는 자신에게 '주어지는' 세계를 볼 수밖에 없다. 자아와 세계를 매개하던 언어의 권력은 스크린 앞에서 정지한다. 세계를 상상하고 구성하던 자아도 무력해진다. 영화적 주체가 스크린을 바라볼 때 주도권을 잡는 것은 문자로 쉽게 담아낼 수 없는 구질구질하고 퀴퀴하고 난잡하고 때로는 혼돈스럽게 생동하는 이미지들이다.

영화 이미지는 실제 세계의 반영(그림자)이나 모사copy가 아니다. 정보, 데이터, 기호, 상징도 아니다. 그것은 세계 자체의 뜯겨진 살점이다. 뼛조각이나 비명 같은 것이다.[5] 이미지는 '의미'이기 이전에 '정동affect'이다. 물질적 작용이다. 그래서 해석이나 분석의 대상이기 이전에 감수의 대상인 것이다. 영화를 보는 자는 이미지를 견뎌야 한다. 받아들여야 한다. 투항해야 한다.

영화가 주는 세계에 대한 믿음은 수동성의 관점에서 이해되어야 한다. 세계를 믿는다는 것은 의도나 의지를 가지고 세계를 믿으려 노력하는 것과 다른 것이다. 믿음은 능동적 앎이 아니다.[6] 노력으로 믿을 수 있는 것은 세상에 없다. 믿음은 그냥 온다. 예수를 배신하고 도망쳤던 제자들이 믿음에 이르게 된 것은 노력이나 의지나 결단을 통해서가 아니었다. 순수한 수동성, 자기-방기放棄, 혹은 내맡김을 통해서 믿음이 만들어졌다. 사도들이 믿음을 획득한 것이 아니라, 믿음이 바이러스처럼 그들을 감염시켰다. 믿게 되는 것. 도망치는 자의 뒤통수에 쏟아지는 바깥으로부터 오는 빛. 세계에 대한 믿음도 마찬가지다.

고다르는 〈작은 병정〉(1960)에서 주인공 브뤼노의 대사를 통해 영화의 정의를 제시한다. "1초에 24번의 진실."[7] 1초에 24개의 프레임이 스크린에 영사될 때, 인간 육안은 24개의 그 정지된 이미지(사진)들을 결코 하나씩 식별해내지 못한다. 빠르게 지나가는 24개의 이미지들은 인간 지각 능력을 통과해버린다. 인간의 눈은, 허술한 국경수비대처럼, 세계의 진리가 우리 신체에 각인되는 순간들의 정지 사진들을 통제하지 못한다. 영화는 문자가 불러일으키는 주체성의 환상(눈과 의식이 세계를 장악하고 있다는 환상)을 가차없이 파괴한다. 영화 속에서, 보는 주체의 권력은 1초에 24번 부정된다. 이미지는 인간 망막을 1초에 24번 무혈 점거하고 그 리듬을 반복하며 세계의 존재를 강제한다. 영화를 본다는 것은, 1초에 24번 시신경을 때리는 세계의 이미지, 세계의 시간, 세계의 자기주장, 세계의 힘에 노출되는 것, 세계의 기술적 계시에 노출되는 것이다. 저 너머, 유토피아 혹은 메시아가 아니라, 지금 우리를 둘러싼 이 지겹고 유일한 세계를 그 한계와 어둠과 질곡까지 망막에 새긴 채 사랑하는 것이다. 1초에 24번의 진실. 혹은 1초에 24번의 경건함.

시간의 조각

타르콥스키는 〈이반의 어린 시절〉(1962), 〈안드레이 루블료프〉(1966), 〈솔라리스〉(1971), 〈거울〉(1975), 〈스토커〉(1979), 〈향수〉(1983), 〈희생〉(1986)으로 이어지는 총 일곱 편의 장편을 남겼다.[8] 어느 하나 긴장을 풀고 관람할 수 없는 걸작들이다. 그런데, 여느 거장들과 비교하면 사실 과작寡作이라 할 수 있다. 여러 이유가 있겠지만 무엇보다 감독과 소비에트 권력 사이의 갈등이 상당한 영향을 미쳤던 것으로 보인다.

타르콥스키는 냉전 시기 소비에트 사회에서 영화를 찍었다. 그가 추구하던 가치는 정치권력이 영화에 기대하던 바와 대립했다. 영화를 검열하고 영화 외적인 요구를 강제하던 권력에 대한 분노를 그는 자신의 일기장에 가감 없이 남겨놓았다. 가령 1972년 1월 12일에 그는 〈솔라리스〉에 대해 당이 제기한 35가지 지적 사항을 열거하며 당혹감과 절망감을 피력한다.[9] 1970년 9월 7일에는 자조적인 어조로 이렇게 쓰기도 한다. "좋은 시절이라면 나도 백만장자가 될 수 있을 텐데! 내가 만일 일 년에 영화 두 편씩을 찍을 수 있다면 1960년부터 시작해서 이미 20편을 찍었을 것이다. 바보천치 같은 자들이 결재를 하는 판에 무슨 영화를 찍을 수 있단 말인가!!"[10]

그런데, 그의 과작에는 정치적 외압으로 다 설명되지 못하는 미학적 이유도 존재한다. 우리가 타르콥스키 영화에서 모방 불가능한 아우라를 느끼는 것은 범람하는 상상력, 과잉된 영감, 기상천외한 서사, 분방한 생산성이 아니라, 하나의 작품이 만들어지는 과정에서 작품과 작가가 겪어야 했던 우회, 제약, 장애의 두께에서 오는 것이다. 가령 〈스토커〉는 시나리오만 아홉 개의 상이한 버전이 존재할 정도로 치열한 구상의 결과물인데, 3개월의 촬영 이후 필름에 문제가 생겨 거의 절반을 폐기하고 다시 찍는 재앙적 사태를 겪었다.[11] 그의 마지막 작품 〈희생〉도 큰 위기를 겪고서야 세상의 빛을 보았다. 영화의 결말에 주인공 알렉산더가 광기에 휩싸여 집을 불태우는 6분 30초의 결정적 화재 장면이 등장한다. 그런데 카메라 고장으로 모든 작업이 물거품으로 돌아가는 바람에 결국 세트를 새로 짓고 나서 집을 한 번 더 불태워야 하는 우여곡절을 겪었다.

그는 각각의 작품에 자신의 모든 것을 쏟아부었다. 더 많은 시간이 물리적으로 주어졌다 해도, 타르콥스키는 표현 가능성의 최대치, 예술적 형상화의 최대치까지 작품을 끌어올리기 위해 요구되는 모든 시간을 투여했을 것이다. 과작은 그에게 단순한 우연이 아니라, 자신이 견지해온 예술 철학의 필연적 귀결이었던 것으로 보아야 한다. 그는 기본적으로 영화를 '시간'으로 이루어진 조형물로 보았다. 무정형의 시간 덩어리를 깎아 만든 '시간의 조각彫刻.' 그는 이렇게 쓴다.

"영화에서 감독이 하는 작업의 본질은 무엇일까? 시간을 조각하는 것이라고 잠정적으로 규정할 수 있다. 조각가가 대리석 덩어리를 붙들고서 완성된 작품의 특징을 마음속으로 그려보며 군더더기를 제거하듯이, 영화인은 생생한 사실들의 거대하고 불가분한 집합체로 이루어진 시간 덩어리에서 앞으로 나올 영화의 요소가 되어야 하는 것, 영화 이미지의 구성 성분으로 판명되는 것만 남겨두고 불필요한 것을 모두 잘라내서 던져버린다."[12]

그에게 시간은 인간 감성의 선험적 형식(칸트) 같은 것이 아니다. 시간은 선험보다 경험에, 형식보다 내용에 더 가까운 무엇이다. 굳이 말하자면 현상에 작용하는 힘이나 사물을 구성하는 질료 같은 것이다. 그의 영화에 나오는 많은 존재자들은 시간의 운반자이자 시간으로 빚어진 조립물처럼 보인다. 사물들은 시간의 응집이며, 자연 현상도, 인간도, 감정도, 기억도, 우주도, 작품도, 행위도 모두 시간의 변용이다. 영화가 보여주는 녹이나 이끼, 증기, 숨 쉬듯 작열하고 식어가는 숯불, 흐르는 물, 거기 잠겨 부식되는 폐기물들을 통해 우리는 그들에 스며들어 있는 시간의 물질성 또는 타르콥스키 자신의 표현을 빌려 말하자면 "시간 압력"[13]을 체감한다.

시간을 듬뿍 머금은 채 본래의 형태를 잃어가는 사물들은 아름답다. 그 미감은 인간적 의미를 종종 초과한다. 타르콥스키가 보여주는 폐허에서 우리는 쇠락한 인간 문명의 틈

새를 비집고 나오는 들풀의 시간, 사물들의 시간, 흙의 시간, 그리고 물의 시간을 본다. 물질은 시간과 운동과 빛과 뒤엉켜 생동하는 운동으로 가시화된다. 에스토니아의 수도 근처의 버려진 수력발전소에서 촬영되었다는 〈스토커〉의 묵시록적 장소는 비인간과 물질이 방출하는 생기와 애니머시animacy로 충만해 있다. 인간-너머의 낯설고 위협적인 생동감이다. 폐수가 흐르는 개울물, 독성 화학물질로 부글거리며 매캐한 안개를 피워내는 늪지대, 부서진 채 녹슬어가는 탱크와 군용 차량들, 무성히 자라는 식물, 불시에 나타났다 사라지는 검은 개. 인간 현존이 극소화된 이 종말론적 풍경은 불길하면서도 신비롭고 아름답다. 그의 영화 곳곳에서 우리는 "비인간적인 것nonhuman을 향한 일관적 충동" 또는 "비인간적인 것 심지어 비생명nonliving이 캐릭터의 지위에 올라가는 순간들"을 목격한다.[14]

〈솔라리스〉가 그리는 외계 행성의 바다는 그 자체로 살아 있는 생명체의 특성을 보여주고 있지 않은가? 우주에서 만난 저 미지의 대양은 인간 기억을 떠도는 표상들(죽은 가족, 연인의 기억)을 읽어내고, 그것을 물질적 형태로 빚어내는 능력을 갖고 있는 것이다. 〈솔라리스〉의 바다는 인간 마음 깊은 곳에 숨겨진 아픔과 그리움과 욕망에 반응한다. 그것은 사고하고 느끼고 창조한다. 인간-너머, 유기체-너머의 살아 있는 생명성이다. 타르콥스키는 세계를 시간의 작용 속에서 매 순간 운동하며 변신하는 생명 활동으로 채워버린다. 그리고 이를 위해 롱테이크를 사용한다. 카메라는 긴 시간 동안 대상과 풍경에 머물며, 시간이 활기를 띤 채 자신을 드러낼 수 있는 또 다른 시간을 부여한다.

가령 〈솔라리스〉의 도입부. 이제 곧 외계 행성으로 떠나야 하는 주인공은 산책을 나서 주변의 수풀과 냇가와 호수를 아련히 관조한다. 카메라는 안개 낀 벌판을 가득 메운 풀잎들과 흐르는 냇물에 잠겨 유연하게 물결치는 수초의 움직임을 오랫동안 비추어준다. 곧 작별해야 하는 대지를 조금이라도 더 가까이에서 느끼고 싶다는 듯, 주인공은 몸을 굽혀 호수에 손을 씻고 쏟아지는 소나기에 흠뻑 젖은 채 소요한다. 인간의 시간과 땅의 시간, 물의 시간이 이렇게 하나로 어우러진다. 그가 풀밭에서 식물들에 둘러싸여 사색에 잠겨 있을 때, 그는 마치 지구를 떠날 때가 되어 비로소 더 절감한 세계의 생명력에 마음 깊은 곳으로부터 경의를 표하는 듯이 보인다.

〈향수〉의 마지막 장면에서 활용된 롱테이크는 타르콥스키가 추구했던 원리(시간의 조각)의 가장 순수한 사례 중 하나를 보여주는 것이 아닐까 싶다. 영화의 말미에서, 자신의 희생으로 지구를 구원하려 하는 광인 도메니코는 분신자살을 시도한다. 그 사이에 (도메니코와의 약속을 지키기 위해서) 주인공 고르차코프는 촛불을 들고, 그것이 꺼지지 않도록 감싸며 물이 빠진 온천을 걸어간다. 얼핏 보면 아무런 의미도 없어 보이는 이 행위를 카메라가 중단 없이 좇아갈 때,

관객의 주의는 온통 촛불의 위태로운 상태에 집중된다. 카메라는 고르차코프의 표정, 몸짓, 촛불의 떨림으로 표현되는 어떤 '시간'의 현존을 포착한다. 주인공이 촛불을 꺼뜨리지 않고 온천 끝까지 걸어가는 시간. 그것은 누군가를 살릴 수도 죽일 수도 있고, 인류가 멸종할 수도 다시 살아갈 수도 있는, 모든 가능성을 품고 지속되는 열린 시간이다.

창조란 무엇인가?

한 편의 영화는 고르차코프가 지켜내려 했던 촛불처럼 그야말로 보잘것없는 빛이 아닌가? 태양도 아니며 별도 아닌, 없어도 그만이고 바람 불면 꺼져버리는 환영 같은 빛. 그러나 예술가는 촛불을 지키려는 주인공처럼, 이 아무것도 아닌 작품에 자신의 전부를 던져 넣는다. 작품이란 사실 아무것도 아닌 것이지만, 이 아무것도 아닌 것과 내밀한 관계를 맺지 못한다면, 혹은 이 아무것도 아닌 것이 예술가에게 무자비하게 요구하는 막대한 시간과 터무니없는 희생을 기꺼이 살아내지 못한다면, 창조라는 사건은 발생하지 않는다.

창조한다는 것은 창조하는 자가 자아를 확장하고 강화하고 축적하는 일이 아니다. 위대해지는 것, 찬란해지는 것이 아니다. 창조 행위의 본질은 이와 반대로, 아무것도 아닌 촛불 따위에 인생의 시간과 생명의 정수를 바치는 어리석음, 맹목성, 무모함에 놓여 있다. 창조는 에로스보다 타나토스

thanatos에 더 가깝다. 존재에 이득이 된다기보다는 존재를 축내고, 존재의 힘을 낭비하고 소모하는 행위에 더 가깝다. 무자비하고, 끈덕지고, 마성적으로 작용하는 자기-삭감의 충동. 사라져가는 것, 헐벗어가는 것, 무無와 관계 맺는 것이다. 어떤 지점에서 창조는 파괴와 구별되지 않는다.

〈희생〉의 한 에피소드를 빌려 말하자면, 진정한 창조는 죽은 나무에 매일 물을 주는 반복 행위와 흡사하다. 물을 준다고 죽은 나무가 살아날 리 만무하지만, 매일 물을 주는 자는 비합리적 행위의 무한반복 속에서 서서히 다른 존재로 변화해가는 것이다. 이것이 창조의 핵심이다. 제작이나 생산과 달리 창조는 주체의 문제를 중심에 품고 있다. 창조하는 주체의 변신이라는 문제를…

이를테면, 창조 속에서 주체는 자기-비움을 통해 자신의 생명을 작품 속으로 남김없이 옮겨 넣을 것을 요구받는다. 이를 삶에서 구현하는 자를 우리는 (용어의 엄격한 의미에서) 작가라 부른다. 작가는 직업적 개념이 아니라 실존적 개념이다. 책을 출판하고 영화를 만들었다고 저절로 작가가 되는 것이 아니다. 작품의 창조에 자신을 모두 바치기로 스스로와 계약한, 헌납의 주체만이 작가가 된다. 창조 속에서 작가의 생명력은 작품으로의 변환이라는 일대 증류 과정을 거친다. 상식적 견해와 달리, 작가는 창조를 통해 풍요로워지지 않는다. 오히려 그는 세상과 대립하고, 추문에 휩싸이고, 적대적 존재들과 싸우다 고갈되고, 병들고, 노쇠하여 결국 하나의 껍데기가 되어 사라진다. 그리고 그가 사라진 자리에서 작품들이 새로운 감상자들과 새로운 관계를 맺고 새로운 생명을 살아나간다.

이런 점에서 미학적 창조는 케노시스kenosis 신학을 연상시킨다. 이에 의하면, 신은 세계를 만들고, 그것을 자신의 신성으로 황홀하게 채우는 존재가 아니다. 신이 창조한 이 세계는 악惡과 추醜와 불완전성, 즉 신의 전능을 부정하는 요소들로 가득한데, 그 이유는 신이 자신이 창조한 세계로부터 스스로 물러났기 때문이다. 창조 속에서, 신은 전능으로부터 후퇴, 퇴거한다. 신적 권능을 자발적으로 철회한다. (자식을 사랑하는 부모가 그렇게 하듯이) 세계에 간섭하지 않기 위해서, 창조된 세계에 자유를 주기 위해서이다.[15] 세계는 신의 자기-축소의 결과물이다. 그래서 이 세계 안에서 신을 찾을 수 없는 것이다. 창조된 세계에 신은 없다. 거기에는 대신 신이 창조한 피조물들의 시간(역사)이 흐른다. 창조된 세계에는 신의 작용이 아니라 인간 행위의 공간이 열린다. 그것은 새로운 가능성의 공간이다.[16] 시몬 베유는 이렇게 쓴다.

“창조는 신의 입장에서는 자기-확장이 아니라 퇴거, 포기 행위다. 신과 다른 모든 피조물을 합쳐도 신 혼자의 존재보다 적다. 신은 이 감소를 수용했다. 신은 자신으로부터 존재의 일부를 비웠다. 그는 이 신성의 행위 속에서 자신을 비웠다. 이런 의미에서 성 요한은 어린 양이 세상이 창설된 때부터 이미 죽임을 당했다고 말했다. 신은 자신이 아닌 자신보다 한없이 열등한 것들에게 존재하기를 허락했다. 그리스도가 우리에게 우리 자신을 부인하라고 말했듯이 신도 창조 행위를 통해서 스스로를 부인했다. 〔…〕 이 포기, 이 자발적 거리, 신의 이 자발적 소멸, 여기 아래의 신의 외면적 부재와 은밀한 현존 〔…〕."[17]

신의 참된 전능은 '무능할 수 있는 능력'까지를 내포하는 전능이다. 그 상징이 십자가다. 십자가를 짊어진 신은 자기-비움의 극한을 이룬다. 십자가에서 신성은 자신과 가장 모순되는 지점으로 찢겨나간다. 즉, 냄새나는 살〔肉〕로 육화되어 매 맞고, 모욕받고, 타살당하고, 썩는다. 신은 자신으로부터 가장 먼 지점까지 스스로를 비워나간다. 십자가 위에서, 전능한 신과 못 박힌 채 헐떡이는 약한 고깃덩어리 사이의 압도적 거리가 만들어진다. 그 거리가 바로 신이다. 창조의 신비는 신과 신 사이에 벌어져 있는 이 균열, 신과 신 사이의 찢어짐, 그 거리를 지배하는 신의 부재 그 자체다. 베유를 한 번 더 빌려 말하면 "신이 완전히 사라진 이 세계가 신이다."[18]

<안드레이 루블료프>

타르콥스키는 〈안드레이 루블료프〉에서 예술적 창조의 문제와 대결한다. 예술이란 무엇인가? 예술은 무엇을 할 수 있으며 무엇을 해야 하는가? 예술가란 누구인가? 14세기 후반에서 15세기 초반을 살았던 러시아의 성상 화가 안드레이 루블료프의 일대기를 배경으로 감독은 이 질문들을 명상한다. 영화는 여덟 개의 분리된 에피소드로 구성되어 있다. 예술가를 다룬 여느 영화들과는 달리, 〈안드레이 루블료프〉는 화가의 천재성을 칭송하거나 그의 예술적 성취를 미화하지 않는다. 주인공 루블료프는 대부분의 이야기에서 방관자, 관찰자 혹은 배경에 머물러 있다. 루블료프가 붓을 들고 그림을 그리는 장면은 영화에 한 차례도 등장하지 않는다. 오히려 반대로 루블료프가 어떻게 그리고 왜 그림 그리기의 불가능성에 봉착하는지, 어떤 고뇌가 그로 하여금 그림을 그리지 못하게 했는지에 감독은 주목한다.

루블료프가 살던 러시아는 정치적 분규, 기아, 역병, 외세의 침입 속에서 민중의 삶이 나락으로 떨어진 난세였다. 당시의 지배적 화풍을 대표하던 그리스인 테오파네스는 민중에게 종교적 공포를 조장하여 그들을 도덕적으로 규제해야 한다고 생각했다. '최후의 심판' 같은 테마가 중요하다는 것이다. 루블료프는 반대한다. 성화는 민중을 계몽하는 도구가 아니라 그들의 행복과 생명의 기쁨을 그리는 것이어야 한다고 생각한다. 그는 처음부터 지배적 신학의 외부를 떠돈다. 이교도 축제에 휩쓸려, 기독교의 위선과 폐쇄성을 비웃으며 삶을 향유하는 자들을 엿보고 충격에 빠지기도 하며, 타타르인들의 침입으로 몰살당하는 동족의 비참을 목격하고 회의와 좌절을 느끼기도 한다. 루블료프는 결국 한 여성을 강간하려는 병사를 살해하고, 살인으로 더럽혀진 손으로 성화를 그릴 수 없다고 판단하여 그림을 포기한다. 이 방황의 시기에 그는 두 명의 민중 예술가를 만나게 된다.

떠돌이 광대. 오래전 외설적이고 풍자적인 사설을 늘어놓으며 사람들을 폭소에 빠뜨리는 광대를 루블료프 일행 중 한 사람이 당국에 밀고했었다. 광대는 병사들에게 잡혀가 혀가 일부 잘린 채 십 년 동안 옥살이를 하는 고초를 겪는다. 오랜 시간이 지나 이제 늙고 말이 어눌해진 광대와 루블료프가 우연히 마주치게 된다. 광대는 루블료프가 자신을 밀고했다고 오해하여 그와 드잡이를 벌인다. 하지만 진짜 밀고자가 나타나 고백을 하자 광대는 마음을 푼다. 그러고는 억울하게 훼손된 자신의 삶을 농담의 주제로 삼아 사람들에게 웃음을 선사한다. 상처를 창조의 힘으로 바꾸어내는 불굴의 생명력을 루블료프는 목격한다.

그가 만난 또 다른 예술가는 전쟁에서 아버지를 잃은 한 소년이다. 지역 영주가 거대한 종鐘을 제작할 장인을 찾고 있다. 소년이 나선다. 자신의 아버지가 종을 만드는 장인이었고, 죽기 전에 자신에게 비법을 알려주었다고 말한다. 종을 만드는 중책을 맡아 거친 인부들을 통솔하고 희귀한 재료를 찾아 나서며 여러 위기를 극복한 후, 마침내 소년은 종을 만드는 데 성공한다. 외국의 귀빈들까지 초청한 성대한 자리에서 타종식이 거행된다. 웅장한 종소리가 아름답게 울려 퍼지자 소년은 바닥에 쓰러져 오열한다. 루블료프는 다가가 그를 위로한다. 소년은 그제서야 진실을 토로한다. 아버지는 사실 아무런 비법도 가르쳐주지 않았다고. 모두 거짓말이었다고. 우연히 종을 만드는 데 성공한 것이라고. 루블료프는 생존하기 위해 목숨을 걸고 종의 제작에 뛰어든 무지한 소년의 손으로 하나의 위대한 작품이 탄생하는 어처구니없는 과정을 지켜보면서 다시 그림을 그리기로 결심한다.

타르콥스키가 주목한 것은 루블료프의 행위action가 아니라 수난passion, 즉 겪음이다. 화가는 그림을 창조하기 이전에, 그림을 그리는 자신의 주체성을 먼저 창조해야 한다. 이때 주체성의 창조는 자기-비움의 형태를 띤다. 루블료프는 사회적 위치를 버리고 민중 속으로 들어간다. 아래로 내려가 민중이 된다. 그는 민중을 믿음으로써 세계를 믿게 된다. 민중은 창조자이자 예술가이다. 그들이 가르친다. 민중의 고통을 그리는 것이 아니라, 민중의 고통을 함께 겪은 것이다. 루블료프는 이 세계와 분리된, 다시 말해 민중과 유리된 신의 신성함을 표상하려는 모든 시도를 거부한다.

그가 믿는 것은 신의 성스러움이 아니라, 오히려 신의 무력함, 신의 약함이었다. 영화의 세번째 에피소드에서 우리는 러시아의 설원으로 옮겨진 십자가형의 장면을 본다. 러시아의 예수는 눈〔雪〕을 손으로 퍼서 입에 넣고 녹여 먹는다. 신은 그렇게 약하다. 그래서 세계는 피조물의 자유에 열려 있다. 신이 약하기 때문에 약자를, 패자를 이해하며 그들을 사랑한다. 약하기 때문에 창공이 아니라 모든 고통받는 자(것)들과 함께 바닥에 머문다. 그림을 그릴 수 없게 하는 질곡, 그곳이 신의 거처다. 이콘의 영성이 있는 곳이다. 오랜 길을 방황하여 이 사실을 깨달았을 때 비로소 안드레이 루블료프는 다시 그림을 그릴 수 있었다.

백치

타르콥스키의 인간은 '백치'다. 루블료프도 백치다.[19] 시대와 불화하고 지배적 가치를 거부한다. 백치의 희망은 하늘이 아니라 바닥에 있다. 바닥은 물리적, 사회적, 도덕적 의미에서의, 그리고 더 나아가서 영적 의미에서의 바닥이다. 내팽개쳐진 몸뚱이가 부딪히는 곳. 이를 상징적으로 보여주는 장면이 〈안드레이 루블료프〉의 도입부에 등장한다.

한 농부가 열기구를 발명한다. 성당 꼭대기에서 기구를 띄워 하늘을 날아간다. 사람들은 이 신성모독 행위를 막기 위해 소란을 떨지만, 농부를 태운 열기구는 소동을 뚫고 하늘로 떠올랐고, 그는 눈 아래 펼쳐지는 풍경에 황홀과 경이를 느낀다. 상승하는 기구의 희열. 새의 시선. 성당에서 수직으로 떨어져 꽂히는 시선. 강물에 뜬 배들. 줄에 매달려 위태로이 날아가면서도 기쁨에 들떠 외치는 농부. 그러나 이 짧은 환희를 뒤로하고 기구는 구멍이 난 채 강가로 추락한다.

타르콥스키는 추락 장면 이후 갑자기 슬로모션으로 바닥에 등을 기대고 괴로운 듯이 몸부림치는 한 마리의 말을 보여준다. 말은 쓰러져 허공에 발을 구르다가 다시 일어난다. 열기구도 말도 모두 중력에 짓눌려 있다. 타르콥스키의 세계는 낭만적 상승이 불가능한 세계다. 지젝이 지적하듯이, 타르콥스키 영화에서 진정으로 영적인 체험은 "지구의 축축한 무거움(혹은 고인 물)과의 강렬한 직접적, 물리적 접촉을 통해서만" 주어지거나 "주체가 몸의 절반을 고인 물에 담근 채 지구의 표면 위에 몸을 죽 뻗고 누워 있을 때 발생"한다. 그의 주인공들은 하늘을 향해 기도하는 것이 아니라 "축축한 대지의 고요한 두근거림에 집중해서 귀 기울이면서 기도한다."[20]

〈스토커〉의 인물들이 폐수에 몸을 적시거나 바닥에 엎드려 휴식할 때, 이들은 중력에 한없이 굴종하는 듯이 보인다. 상승이 아닌 하강에, 중력의 작용 속에만 은총이 있다고 믿는 바보들 같다. 타르콥스키가 구현한 아름다움의 발목에는 고통이라는 추錘가 매달려 있다. 그건 인간의 고통이기도 하지만 세계 자체의 고통이기도 하다. 그의 영화를 통해 우리는 흐르는 물, 불어오는 바람, 젖은 흙과 작은 동물들, 그리고 죽어가는 나무의 고통에 다가간다. 지상의 모든 생명과 존재는 결코 하늘로 날아가지 못한다. 모두가 중력이 작용하는 아래 쪽으로 휘어져 있다. 우리가 그의 영화를 보면서 알 수 없는 슬픔과 희망을 동시에 느끼는 이유는 이 때문이다. 우리는 고통과 아름다움의 착종, 슬픔과 희망의 뒤엉킴을 목격한다. 이 세계에 대한 분노와 이 세계에 대한 사랑이 풀 수 없는 매듭처럼 묶여 있음을 본다.

안드레이 루블료프는 백치다. 〈향수〉의 도메니코도, 고르차코프도 백치다. 〈희생〉의 알렉산더도, 소년 이반도 백치다. 이들은 모두 중력에 패배한다. 때로 파괴되어 죽는다. 그러나 이들은 다음의 물음을 잊지 않는다. 어떻게 이 세계 속에서, 이 세계를 부정하지 않고, 냉소하지 않고, 저주하지 않고, 혐오하지 않고, 찬양하지 않고, 미화하지 않고, 그 자체로 믿을 수 있는가?

#

석양이 선홍빛으로 지평선을 물들이고 있다.

붉은 광선이 숲을 환각처럼 비춘다.

빛인지 어둠인지 구분할 수 없는 이상한 조명. 세상 어딘가에도
존재하지 않을 것 같은 색조. 숲은 거기 휘감긴다.

저 빛이 생산하는 것은 정신의 광기가 아니라 감각의 광기다.

공작새 날개에 매달린 수많은 눈알들이 부르르 떨며 세상을
바라볼 때. 그 끔찍한 시각성의 충만. 시각의 분열.

눈알 떼. 눈알의 무리. 눈알의 밀집.

#

얼마나 많은 비늘이 눈에서 떨어져내려야 비로소 죽음을 볼까?

고장 난 눈동자들.

#

“미학에 대한 두려움이 나약함의 첫번째 표지이다.”[21]

#

집중하며 영화를 볼 때,

그 침잠을 통해 우리는 세상의 악惡을 파괴할 수 있다.

#

집중 속에서 시간은 길고 길게 흘러가지만 지루하지 않다.

반대로 산만하고 어수선한 지각知覺 속에서 시간은 짧고

또 짧게 흐르지만 견딜 수 없이 지루하다.

#

선善을 가지고 악을 제거하는 것이 아니다.

오직 타자들의 삶에, 타자들의 이야기에,

타자들의 세계에 집중함으로써, 그 집중의 시간을 쌓아감으로써,

오직 그렇게 함으로써 악을 죽일 수 있다.

#

빛이 단순히 빛남으로써 어둠을 죽이는 것이 아니듯,

빛이 온 힘을 다해서 계속해서 빛나고자,

계속해서 빛이 되고자 고투함으로써 어둠을 죽이듯,

그렇게 온 힘을 다해 세상을 바라볼 것.

#

정신의 전체로, 몸의 전체로, 마음의 전체로 바라봄을 겪을 것.

#

본다는 것은 우리가 할 수 있는 일 중에서

가장 어렵고 가장 희귀한 일이다.

#

보지 않았다면 그 존재를 알 수 없었을 무언가를 가시화하고
그에 대해 말하도록 해주는 눈의 겪음.

#

'나'를 이루는 것들은, '나'라는 인간을 이루는 근본은
'내'가 눈을 뜨고 최선을 다해 보아야 했지만 용기의 부족으로,
관심의 부족으로, 혹은 운명적으로 보지 못했던 것들의 총체다.

#

하찮은 사랑으로는 아무것도 보지 못한다.

사랑의 모든 하찮은 기관들을 제거하고,

마음속의 모든 하찮은 우상들을 제거하고,

하찮은 관념들과 욕망들을 제거하고,

더 강인하고 굳건하고 수동적인 사랑의 눈이 되지 못하면

우리는 아무것도 보지 못한다.

#

우리의 정신은 영화를 요청한다.

우리의 정신이 맥주를 요청하듯.

우리의 정신이 죽음의 예감을 요청하듯.

우리의 정신이 귀신으로 깃들일 하나의 세계를 요청하듯.

#

좋은 영화를 볼 때 우리는 바이러스에 감염되듯,

이미지에 감염된다. 주도권을 상실한다.

감기에 걸린 몸처럼 무력해진다.

이 수동성을 이해하지 못한다면,

우리는 영화가 줄 수 있는 가장 귀한 것을 놓친다.

관객은 이미지가 그 안에 기생하며 살아가는 숙주,

이미지의 거처, 이미지의 거주지다.

#

"스크린 위에 나타난 무언가는 바로 내 속에 도래하고
그곳에 들어와 일정한 장소를 점유한다.
결국 그 순간에 나 자신이 이들 이미지의 효과,
이들 이미지의 '심도'의 모든 것이 서로 울리는 장소가 되고
이것들은 거기에 독자적인 생명체처럼 살게 된다."[22]

#

영화 감상은 극장에 가는 길에서 이미 시작된다.
그 길에서 우리는 영화를 보기 위한 '눈'이나 '뇌'가 아니라
영화 이미지가 새겨지는, 점토판 같은 '표면'이 된다.
영화관까지 가는 그 길에서 우리는 감수적 표면이 되어간다.

#

영화는 수술과 흡사하다. 마취, 절개, 통증, 그리고 회생.

#

위대한 영화만큼이나 위대한, 영화에 대한 시선들이 있다.

#

데리다는 맥뮬런Ken McMullen의 <귀신의 춤>(1983)에
출연하여 영화를 "유령의 과학"이라 명명한다.
영화는 유령을 불러내는 기술이다.
영화 속에서 배우는 유령이 된다.
죽지 않고 계속 불려 나와 스크린에서 살아가는 유령.
하지만 그 반대가 오히려 진실처럼 여겨진다.
영화는 배우가 아닌 관객을 유령으로 만드는 예술이다.
집중된 관객은 영화가 그리는 세계에 출몰하는 귀신이 된다.

#

영화는 도구다.

영화는 강력한 도구가 아니었던 적이 없다.

하지만 영화라는 도구는 그것을 가지고 어떤 목적을

달성할 수 있는지 아직까지 알려지지 않은 그런 도구다.

엄청난 수단인데, 무엇에 소용되는 것인지 아직 모르는

이상한 수단. 수단으로서의 힘이 넘실대지만,

그 목적이 아직 확정되지 않은 그런 수단. 아감벤의 말을 빌리면,

영화는 "순수 수단" 혹은 "목적 없는 수단"[23]이다.

영화만이 순수 수단인 것은 아니다.

순수 수단들은 도처에 있다.

정말로 귀하고, 정말로 좋고,

정말로 소중한 것들은 모두가 순수 수단이다.

무력하지도 않고 무가치하지도 않지만,

그 힘과 가치와 목적이 표상과 계산을 벗어나 있는 것들.

햇빛의 순수 수단성.

바람의 순수 수단성. 풀잎들의 순수 수단성.

고양이의 순수 수단성.

빨랫줄에 걸린 빨래들의 순수 수단성.

거울의 순수 수단성.

타르콥스키 영화는 저 모든 지상적 사물들의 순수 수단성을
그 최대치의 덧없음 속에서 담아낸다.
창조된 모든 것들의 근본적 덧없음,
근본적인 순수 수단성을.

3장

번개, 여자, 타나토스

나루세 미키오

"내 당신을 미워한다 하여도 그것은 내가 당신을 사랑하는 것과 마찬가지였습니다. 당신이 나에게 바람 부는 강변을 보여주면은 나는 거기에서 얼마든지 쓰러지는 갈대의 자세를 보여주겠습니다."[1]

"지친 회색 그늘에 기대어 앉은 오후에는. 파도처럼 노래를 불렀지만 가슴은 비어. 그대로 인해 흔들리는 세상."[2]

영화를 사랑하는 사람은, 빛 속에서 잃어버린 것을, 어둠 속에서 찾으려 하는가 아니면 어둠 속에서 잃어버린 것을, 빛 속에서 찾으려 하는가?[3] 어떤 경우건, 무언가를 발견하기 위해 그 대상이 이미 상실되었어야 함을 아는 한에서, 영화적 인간은 플라톤주의자다. 하지만, 이 회복이 이데아가 아닌 이미지의 운동 속에서 이루어진다고 믿는 한, 그는 플라톤주의를 배반한다. 영화에서 이미지의 우주를 바라보는 것은 육안이나 정신의 눈이 아닌, 카메라의 기계적 눈이다. 영화가 주는 매혹은 카메라가 절단해내는 진실의 극한적 성격에서 온다. 그것은 폭력이나 외설 같은 시각의 과잉을 의미하는 것이 아니라, 카메라와 접속된 눈이 새롭게 지각하게 되는 인간-너머의 끔찍한 진실을 가리킨다. 대개 진실이 강렬해지는 지점으로 가면, 카메라는 우리에게 죽음과 뒤엉킨 사랑을 보여준다. 우주에는 결국 죽음과 사랑이라는 두 가지 현상밖에는 없다고 말하듯이. 우주의 본질은 죽음과 사랑, 더 정확히 말하자면 죽음과 얽혀버린 사랑이라고 말하듯이. 나루세 미키오의 〈부운〉(1955)이 그런 영화다.

번개

일본 영화의 황금기를 이끌었던 미조구치 겐지(1898~1956), 오즈 야스지로(1903~63), 구로사와 아키라(1910~98)와 달리 나루세 미키오는 사후에야 인정을 받게 된 다소 불운한 감독이었다. 1983년에 최초의 회고전이 로카르노에서 열린 이후에 비로소 그는 유럽 비평가들의 주목을 받게 된다.[4]

나루세는 1905년 동경에서 무사 계급의 후예인 가난한 자수 장인의 막내로 태어나, 빈곤으로 인해 중학교에 진학하지 못하고 기술을 배운다. 1920년에 부친이 사망하자 15세의 나이로 영화사 쇼치쿠에 입사, 소품담당자로 일하기 시작한다. 10년이 흐르고 나루세는 자신의 첫번째 영화를 촬영한다. 1930년의 〈찬바라 부부〉.[5] 이후 유작으로 남은 1967년의 〈흐트러진 구름〉에 이르기까지 모두 87편의 작품을 남겼다. 그는 주로 평범한 사람들의 일상을 다룬 서민극이나 결혼한 남녀의 심리를 관찰한 부부극, 그리고 처연하고 절제된 멜로드라마를 즐겨 찍었다. 〈밥〉(1951), 〈번개〉

(1952), 〈산소리〉(1954), 〈부운〉(1955), 〈흐르다〉(1956), 〈여자가 계단을 오를 때〉(1960), 〈방랑기〉(1962), 〈흐트러지다〉(1964) 같은 작품들은 잊을 수 없는 명작으로 남아 있다.

구로사와의 웅장하고 굵은 터치, 미조구치의 예리함과 엄격함, 오즈의 세련된 달관에 비교하면, 나루세의 영화는 수수하거나 소심해 보인다. 심오한 사상이나 메시지가 두드러지지도 않고, 스펙터클이 인상적이지도 않다. 형식 실험에 몰두하지도 않고, 전통을 소환하지도 않는다. 판타지도, 유령도, 무사들의 혈투도 나타나지 않는다. 즐겨 이야기되는 것은 사소한 일상사일 뿐이다.[6] 그러나 그의 영화는 은밀한 역동과 리듬으로 충만해 있으며 여운을 동반한 깊은 감동을 남긴다. 섬세한 마음의 흐름과 흐트러짐의 표현에 있어서 나루세는 참된 대가였다. 가령 〈번개〉의 마지막 장면은 이를 잘 보여준다.

도쿄 교외의 하숙집 2층. 엄마와 딸이 언쟁을 벌이고 있다. 착잡한 가족 문제 때문이다. 딸은 엄마의 인생을 싸잡아 비난하고 제풀에 속이 상해 운다. 엄마도 자신의 인생이 허무하고 서러워 흐느끼고 있다. 딸은 차라리 창밖으로 시선을 돌리고 생각에 잠긴다. 바로 그때, 모녀의 마음만큼이나 어두운 밤하늘 저 멀리 환각처럼 번개가 친다. 두 줄기 섬광이 하늘을 가르고 빛의 가지가 뻗어가다 이내 사라진다. 순간, 번개를 바라본 딸의 얼굴에 언어로 명시하기 어려운 미묘한 변화가 서린다. 딸은 몸을 돌려 엄마에게 다가간다.

자신이 상처를 준 엄마의 마음을 달래주고 모녀는 마음을 푼다.

나루세가 이야기를 풀어가는 방식이 여기 잘 드러나 있다. 고조되던 갈등에 새로운 방향을 준 것은 예기치 않은 번개의 섬광이었다. 가족 관계가 악화되고, 문제들은 해답을 찾을 수 없을 정도로 뒤엉키고, 감정은 꼬이고, 가장 가까운 존재에 대한 애정이 원망에 휘감겨 어떻게 해야 할지 모르는 그 막막한 순간, 깜깜한 하늘에 번개가 친다. 하늘에서 일어난 사건으로 인해 주인공들의 마음에 무언가가 발생했다. 그것이 무엇인지 우리는 모른다. 그 짧은 시간에 딸이 무엇을 생각했는지, 어쩌면 자신도 알지 못할 것이다. 언어에 잡히지 않을 만큼 미세한 변화, 그러나 어떤 결정적 방향 전환을 가져오는 각성. 우리는 그것을 오직 딸의 변화된 태도를 통해 짐작할 뿐이다.

들뢰즈와 과타리는 말한다. "예술작품은 몇 초秒, 십분의 일 초, 백분의 일 초를 표시해야만 한다."[7] 예술은 우리 시선이 정지시켜놓은 순간들, 정물화나 스냅 사진처럼 물화시키고 석화시켜놓은 그 순간들이 얼마나 광폭하게 진동하는 에너지의 파동이자 덩어리인지, 얼마나 심대한 변화의 씨앗들이 그 미소한 순간들에 뿌려져 있는지를 보여준다.

실제로 삶의 중요한 사건들은 지각할 수 없는 찰나에 일어난다. 세계가 변화하기 위해서는 번개 치는 찰나면 족하다. 백분의 일 초 동안 우리가 할 수 없는 일은, 영원의 시간이 주어진다 해도 결코 할 수 없는 일이다. 번개는 하늘을 무너뜨리지 않았고 땅의 문제를 해결한 것도 아니다. 그것은 구원도 구제도 아니다. 다만 어떤 쪼개짐이, 어떤 균열선이 순간적으로 나타났다 사라졌을 뿐이다. 그것은 정지와 휴지休止를 강제하는, 번쩍거리는, 어찌 보면 그저 무의미한 사건이다. 하늘은 이내 봉합되고 다시 어둠으로 뒤덮인다. 그런데 밤하늘이 그렇게 한 번 찢어졌다가 다시 붙을 때, 이 두번째의 밤은 처음의 밤과 달라져 있다. 그것은 변화된 어둠, 갱신된 하늘이다. 텅 빈 일상은 여전히 텅 비어 있을 것이지만, 번개를 본 자는 이제 그 공허를 뚫고 살아나갈 수 있다. 나루세는 이렇게 묻는 듯하다. 인간이란 저런 번개들의 퇴적물이 아닌가?

실제로 수많은 곤란 속에서도 나루세의 인물들은 내면의 기품을 잃지 않기 위해 버틴다. 감정은 값싸게 흘러넘치지 않는다. 격정을 분출하는 대신 마음속 어딘가에 저런 번개의 번쩍임을 새기고 축적하는 것, 일종의 피뢰침-되기. 이것이 인생의 씁쓸한 묘미다. 각성을 통해 도래하는 분자적 모멘트들. 여기서 우리는 나루세 영화가 반복적으로 표현하는 삶의 이념을 엿볼 수 있다. 말하자면, 삶에는 '바깥'이라는 것이 있는 것이다. 그 바깥은 찰나 같은 섬광적 순간에 번쩍 모습을 드러낼 뿐 아무도 그리로 나갈 수는 없다. 하지만 바깥에서 온 빛의 기억과 잔상이 인간을 은밀히 변화시킨다. 이 변화를 통해 우리는 비로소 살아나갈 수 있다. 나루세 영화에서 이 내재적 각성과 고투의 주체는 대부분 여자다. 이 점에서 그는 구로사와, 미조구치, 오즈와 결정적인 차이를 보인다.

여자

들뢰즈가 지적하듯, 구로사와 영화의 이념적 주체는 '백치'다. 도스토옙스키의 소설에서처럼 인물들은 항상 최대의 위기감 속에 등장한다. 그런데 더 위급한 무언가가 또 이들을 압박한다. 무엇이 이 모든 상황의 근본에 있는 최상급의 위급성인지 아무도 알지 못한 채, 모두가 황급히 더 큰 위급성 속으로 뛰어든다. 백치는 이런 근원적 무지 속에서도 집요하게 의미를 추구하는 자의 이름이다.[8] 〈라쇼몽〉(1950)에서 진실을 다투는 자들, 〈7인의 사무라이〉(1954)의 무사들, 〈들개〉(1949)에서 잃어버린 권총을 찾아 헤매는 경찰, 〈이키루〉(1952)에서 위암 선고를 받고 생명의 의미를 묻는 와타나베 과장, 이들은 모두 백치다. 미후네 도시로의 거칠고 과장된 몸짓과 부릅뜬 눈, 격정적인 행동거지에 그 주체성이 집약되어 있다.

미조구치가 그리는 현실은 욕망과 권력에 지배되는 세계지만, 몽환의 영역과도 은밀히 연결되어 있다. 〈우게츠 이야기〉(1953)에서 두 세계가 교차하는 곳에는 안개가 자욱이 낀다. 물욕에 눈이 먼 도공 가족이 거룻배를 몰고 가는 강물의 안개 속에서 현실과 환상, 인간의 공간과 귀신의 영역이 뒤섞인다. 남자는 현실에서 꿈으로 건너갔다가, 꿈에서 깨어나 다시 삶의 진실로 귀환한다. 어떤 "우주적 선들"이 두 영역을 연결한다.[9] 이 우주적 선들의 힘으로 미조구치의 주체는 두 세계를 넘나든다. 반면에 미조구치의 여자는, 〈오하루의 일생〉(1952)에서처럼 사회구조의 힘에 눌려 부서져 가면서 숭고함을 획득하기도 하고, 〈밤의 여인들〉(1948)에서처럼 폭발적 분노와 반항의 주체로 돌변하기도 한다.

오즈에게는 '현인賢人'이 있다. 자신의 묘비명에 새겨진 글자 '무無'를 형상화하기라도 하듯, 그는 인생의 허망을 세련되게 드러낸다. 모든 것은 덧없이 사라진다. 그러나 이 허무는 놀랍게도 행복의 가능성을 부정하지 않는다. 행복은 의식의 상태가 아니라 존재의 역량이다. 불행해져도, 실망해도, 헤어져도, 심지어 사랑하는 자가 죽어도, 우리는 행복해질 수 있다. 오즈는 그렇게 말하는 듯이 보인다. 그의 영화를 채우는 다양한 미각(꽁치의 맛, 오차즈케의 맛), 빨래나 깃발의 나부낌, 뒤뜰의 화초, 계절의 변화(초여름, 이른 봄, 가을 햇살), 마음의 파노라마, 그리고 카메라가 생기를 불어넣는 죽은 공간… 현인은 이 모든 사소한 삶의 편린들에 새겨진 행복감을 음미하는데, 그들은 대개 노인이거나 아이이다. 류 치슈가 연기하는 아버지가 그 상징이 아니던가?

그런데, 이들과 달리 나루세에게는 백치도, 깨어나는 자도, 현인도 없다. 대신 세속을 굳건히 살아내는 여자들이 등장한다(나루세의 남자들은 대부분 어리석고, 못나고, 무기력한 모습으로 그려져 있다). 〈긴자 화장품〉(1951)이나 〈흐르다〉에 등장하는 쇠락한 게이샤, 〈여자가 계단을 오를 때〉에 나오는 마담, 〈밥〉이나 〈산소리〉의 주부, 〈번개〉의 막내딸, 〈방랑기〉의 프롤레타리아 작가와 같은 존재들. 이들은 빈곤에 시달리고, 가족 문제에 괴로워하며, 속고 환멸에 빠지고, 속악한 계산에 몰두하기도 하지만, 희망을 멈추지 않는다. 이들은 삶의 바깥을 집요하게 응시하고 그쪽을 향해 잰걸음을 옮긴다. 이런 여성상을 가장 잘 형상화한 배우가 바로 다카미네 히데코다.

나루세의 여자들이 향하는 '바깥'은 초월적 장소가 아니다. 혁명, 해방, 유토피아도 아니다. 이들은 남성들이 열에 들떠 이야기하는 역사를 물질적이고 세속적인 이야기들로 채워 그 외관과 광채를 모두 허물어버린다. 역사적 이성도, 역사 철학도, 유토피아도 들어설 자리가 없다. 하지만 이들은 좌절이나 포기 같은 것은 배워본 적이 없다는 듯, 집요하게 어떤 바깥을 향해 움직여간다. 수직적으로 오는 다른 세계가 아니라, 수평적으로 미끄러져 가는 이탈, 이동, 방랑의 선線들이 있다. 어떤 불굴의 유랑적 삶의 힘을 나루세는 그려낸다.

사실 20세기의 영화는 초월의 시네마이거나 바깥의 시네마였다. 영화를 통해 사회의 변형, 국민의 조직, 유토피아의 정치, 정의의 실현, 전쟁에서의 승리, 해방과 자유를 꿈꿀 때 시네마는 초월을 향한다. 그러나 다른 세계를 향한 필사적인 이동이 영화에 나타날 때, 영화는 불가피하게 바깥에의 욕망을 대변한다. 바깥을 추구하는 자들은 영웅도, 투사도, 이데올로그도, 전사戰士도 아니다. 그들은 도주선을 그리며 쫓기는 패배자들이다.

채플린이 연기하는 떠돌이 찰리, 고양이에게 늘 쫓기는 제리, 경찰에게 추격당하는 은행강도들 혹은 보니와 클라이드 같은 범죄자 연인들, 아메리카 초원을 달리는 인디언과 들소, 추격자를 피해 도망치는 괴물, 먼바다로 항해하는 포경선 혹은 심해로 도망치는 백경白鯨, 약물을 통한 감각의 가속, 도로를 질주하는 오토바이와 자동차, 외계의 행성 사이에서 헤매는 우주선들의 세계가 있는 것이다. 나루세는 사실 후자의 계열에 속한다. 나루세의 여자는 일상인의 풍모를 벗어나지 않지만, 한자리에 머물지 않고, 부단히 떠돌며 살아나간다. '행려성行旅性'에 들린 노마드처럼 끝없는 이동의 과정을 산다.

이것은 나루세가 다수의 작품을 영화화한 하야시 후미코의 소설과 상통하는 지점이다.[10] 하야시 후미코는 자립을 열망하며 사회의 지배적 가치들과 부딪히는 강인하고 반항적인 여자들을 즐겨 그렸다. 자전적 경험에 기초한 『방랑기』(1930)에는 사회의 주변부에서 행상인, 여급, 노동자로 전전하며 글을 쓰는 빈곤한 작가가 주인공으로 나온다. 실제로 하야시 후미코는 1931년 11월부터 1932년 6월까지 시베리아 횡단 열차를 타고 대륙을 관통하여, 프랑스에서 상하이를 거쳐 고베에 이르는 여행을 하기도 했었다. 이 체험을 바탕으로 쓴 『삼등여행기』의 후기에서 작가는 "어린 시절부터 영주永住의 집이나 땅을 알지 못했기에 늘 여수旅愁에 가까운 감정을 품고" 살았다고 고백한다.[11]

나루세는 이 여성상을 영화 속으로 번역해 가져왔다. 엔딩 크레딧이 올라갈 때 좌절을 겪은 여성이 꼿꼿하게 내적 다짐을 하며 어디론가 또 당차게 걸어가는 뒷모습을 우리는 흔히 그의 영화에서 볼 수 있다. 마치, 영화는 끝나지만 방랑은 결코 끝나지 않는다는 듯이.

멜로드라마

나루세의 여자가 바깥과 관계 맺는 대표적 형식이 바로 연애다. 나루세의 본령은 멜로드라마다. 멜로는 프랑스 혁명 이후 유행하기 시작한 서사 장르로, 심리-사회적 야금술冶金術에 비유할 수 있다. 광석을 녹여 불순물을 제거하고 금속을 추출하는 야금술처럼, 멜로는 사회적으로 규정된 관계들을 용해시켜 마침내 '연인'이라는 순수 형상을 정련해낸다. 멜로드라마에서 '사랑'은 위계적 관계, 금지된 관계 깊이 잠재되어 있던 남男과 여女를 드러내는 고열高熱의 이름이다. 사랑의 해체 작용하에서, 두 인간의 사회적 규정성은 벗겨져 나가고 연인이 생성된다. 연인은 사랑의 기쁨에 떨며 세상으로부터 숨고, 끊임없이 도주하고, 급기야 더 깊은 은신처(많은 경우 죽음)를 향해 질주한다.

일반적인 멜로드라마가 과장된 감정, 선정주의, 극단적 도덕주의로 특징지어지는 것에 반해, 나루세는 장르의 통상적 규칙을 위반하며 정서적 효과를 극대화하는 담담하고 어두운 작품들을 다수 남겼다. 가령 〈흐트러지다〉에서 사랑은 형수와 시동생이라는 금지된 관계에서 움튼다. 남편과 사별한 후 시집의 사업에 청춘을 바친 주인공에게 어느 날 어린 시동생이 진심을 고백해온다. 〈흐트러진 구름〉에서는 잔인하게도, 남편을 잃은 부인과 그를 교통사고로 죽인 자 사이에서 연심戀心이 싹튼다. 아오모리에서 우연히 다시 만난 두 사람은 서로의 상처를 헤집고 지켜보고 아파하다가 그만 사랑에 빠진다.

나루세가 그리는 에로스는 존재와 인식의 시차를 요구한다. 번개가 치고 일정 시간이 지나야 들려오는 천둥처럼, 사랑은 오직 특정 시점이 도래해야 비로소 자각된다. 사랑을 자각하거나 고백하는 것은 그래서 연애의 시작이 아니라 그 끝의 전조인 경우가 더 많다. 사랑은 내면의 사태이기 이전에 이미 마음 밖에서 진행되는 물리-화학적 파동이다. 가령 내가 누군가를 사랑하게 될 때, 우리는 사랑이 오직 그 사람만을 향하고 있는 것이 아니라 그가 속한 세계 전체에 희미한 빛이나 색조처럼 아롱거리며 물들어 번져 있는 무언가임을 깨닫게 된다. 사랑은 일렁거리며 번지는 힘이다. 사랑하는 이가 머문 자리, 그가 잠들었던 침대, 이불의 주름, 그의 손가락이 만진 사물들, 함께 걸었던 길, 그의 눈빛, 피부의 색깔, 함께 맞은 빗방울, 그가 아끼는 사물들, 휘갈겨 쓴 메모, 그의 주변을 감싼 빛, 공기, 시간의 무늬 모두는 사랑에 물든다. 풍경 전체가 이미 사랑의 빛과 훈기와 냄새에 잠겨 있다.

우리가 사랑을 선택하는 것이 아니라, 사랑이 우리에게 도래하는 것이며, 의식보다 더 빨리 존재 전체가 사랑의 습기에 적셔지는 것이다. 사랑은 결단이 아니라 미세지각이며, 언어로 표현되는 감정emotion보다 더 빨리 존재를 흔들고 더 빨리 사라져버리는 정동affect이다. 나루세의 카메라는, 부당하고 잔인한 이 사랑의 힘을, 소란이나 고함 혹은 절규 없이 고요하게, 절묘하게 포착한다. 남과 여는 자신들을 삼키고, 자신들 속에 스며든 사랑을 깨닫고 당황하지만 동시에 기쁨에 떨고, 세상 외부로 한 걸음 디딤으로써, 불가피하게 세계와 대립한다. 도주로가 열린다. 사랑하는 이들이 과연 어디까지 도망갈 수 있을 것인가? 이것이 나루세의 멜로가 던지는 전형적 질문이다.

이 질문은 연인의 의식과 존재를 짓누르는 최상급의 과제다. 연인이란 사랑을 완성시켜나가는 자들이 아니다. 사랑의 정점은 서로의 사랑을 투명하게 확인한 순간이며, 그것은 언제나 이미 지나간 순간이다. 연인은 사랑 속에서 도망친다. '함께-있음'의 환희에도 불구하고 연인이 언제나 절박하고 쓸쓸하고 불안해 보이는 것은 이 때문이다. 이들에게 허용된 유일한 장소는 궁지窮地다. 간혹 은신처를 발견하여 거기 잠시 머물기도 하지만, 이들은 결코 '너희들은 어디까지 도망갈 수 있는가'라는 질문에서 벗어나지 못한다. 연인에게 낙원처럼 주어지는 것은 오직 '함께-있음'이라는 지금 순간의 가난한 현실뿐이다.

〈흐트러진 구름〉에서 여자는 자신에게 구애하는 남자를 거부하지만, 그의 진심에 서서히 흔들리면서 결국 그와 함께 미래를 만들기로 결심한다. 해외로 출장을 떠나는 그를 따르기로 마음을 먹는다. 하지만 여행길에서 얄궂게도 교통사고 장면을 목격하게 된다. 여자는 남편의 목숨을 앗아갔던 과거를 상기한다. 그리고 차마 남편을 죽인 자와의 새로운 사랑을 살아낼 수 없음을 깨닫는다. 불가능을 뚫고 기적처럼 생성되었던 사랑이 이렇게 다시 불가능 속으로 잠겨버린다. 이 결별을 확인하는 자리에서 남자가 여자에게 부르는 노래는 참으로 애잔하다.

〈흐트러지다〉에서 시동생의 구애를 수용할 수 없었던 형수는 모든 것을 정리하고 고향으로 돌아가기로 결심한다. 시동생이 동행을 나서준 이 귀향길에서 주인공은 생애 처음으로 자신에게 흐트러짐을 허용한다. 고향으로 가던 길을 꺾어 함께 온천장을 향한 것이다. 번개 같은 바깥이 순간적으로 열렸다. 그러나 여자는 죽은 남편의 무게를 견디지 못하고 분열증적으로 시동생을 포기한다. 낙심한 시동생은 근처 술집에서 혼자 술을 마시고 형수에게 마지막으로 전화를 걸고, 그길로 어두운 산으로 올라간다. 다음 날 아침, 마을이 사고로 떠들썩하여 형수는 쪽잠에서 깨어나 창밖을 본다. 시체가 거적에 덮여 실려 가고 있는데 그 손가락에 풀로 만든 반지가 끼워져 있다. 시동생이 어렸을 때 자신이 즐겨 만들어 끼워주던 반지였다. 망연자실한 채 반지를 바라보는 여자의 얼굴에는 절망인지 분노인지 회한인지 명시할 수 없는 감정의 소용돌이가 어둡게 휘몰아친다.

누구도 자신의 삶에서 어떤 이를 충분히 사랑했다고, 끝까지 사랑했다고 말할 수 없는 것은, 어디가 가능한 사랑의 끝인지를 알 수 없기 때문이다. 사랑의 극한이 어디인지, 그곳까지 간 것인지 아닌지는 오직 사랑이 종결되었을 때만 드러난다. 다카미네 히데코의 저 잊을 수 없는 얼굴은 나루세의 카메라가 투시한 연애의 극단적 본질이다. 사랑을 상실한 자의, 폐허가 된 채 모호하게 빛나는 저 스산한 텅 빈 얼굴 위에 멜로의 진리가 내려와 앉는다. 사랑의 불가능성이라는 진리가.

<부운>

위대한 멜로에서 인간은 오직 사랑하는 존재, 연애하는 존재로 나타난다. 그것은 위대한 전쟁 영화에서 인간의 본질이 전쟁하는 자, 즉 군인으로 나타나는 것과 유사하다. 연애하는 자는 사랑을 통해 사회적 관습을 깨고 그것에 반역하는 자다. 비록 사랑이 비극으로 추문으로 실패로 끝난다 해도, 그 행위의 의미가 구제되는 것은 연애에 내포되어 있는 이 반反사회성 때문이다. 멜로드라마는 우리에게 묻는다. 삶의 어디까지 사랑을 끌고 갈 수 있는가? 즉 어디까지 규범을 위반할 수 있는가? 흥미롭게도 나루세의 여자들은 사회적 규범을 파괴하지 못한 채 돌아선다. 그의 방식에는 어떤 고전적 보수성이 있다. 나루세는 현실주의자다. 섹슈얼리티의 규범을 넘어서고 사회적 통념을 깨는 사랑의 광기 대신, 그는 그런 과격한 실천들이 포기될 때 남는 숯불처럼 이글거리는 감정의 긴 여운을 제시한다. 그는 오시마 나기사도 마스무라 야스조도 아니었다.

이런 점에서 〈부운〉의 예외성은 자못 두드러진다. 거기에는 멜로 특유의 야금술도 에로스의 떨림도 기쁨도 행복도 없다. 영화가 시작되는 순간 이미 거의 고사枯死한 것같이 묘사되는 사랑은, 완전히 포기되지도 다시 불타오르지도 않고, 폭발하거나 굴절되지도 않은 채, 끝을 알 수 없는 어두운 바닥을 향해 서서히 침강해간다.

20세기 시네마의 역사에서 〈부운〉보다 더 암울하고 허무적인 멜로드라마를 찾기는 쉽지 않으리라. 격렬한 실패나 격정 이후의 파국을 그리는 작품은 많지만, 이처럼 파멸이 봄비와 같이 부드럽게 영화 전체를 적시며, 천천히 영화를 보는 자의 감성 전체를 함몰시키고 무너뜨려가는, 잔혹

할 정도로 부드럽게 희망을 제거해버리는 그런 작품은 거의 없다. 주인공의 죽음으로 이야기는 종결되지만, 그 몸뚱이가 사라지고 난 후에도 웃음이 남아 떠도는 체셔 고양이처럼, 〈부운〉이 그린 어두운 연애는 이야기의 종결 이후에도 기이한 힘으로 남아, 유령처럼 이 세계를 떠돌고 있을 것만 같다.

〈부운〉의 스토리는 베트남에서 도쿄로, 다시 일본 열도 최남단의 고도 야쿠시마로 이동하며 전개된다. 여주인공 유키코는 베트남 다랏에서 산림기사 도미오카를 만나 짧은 연애를 나눈다. 플래시백으로 여러 차례 회상되는 베트남의 장면들은 밝은 햇빛과 열대림으로 상징되는 희망의 시절을 표상한다. 패전 후 이들은 도쿄로 돌아오는데, 그곳은 빈곤과 실업, 혼돈과 열패감이 지배하고 있다. 남자는 가혹한 현실에 부딪혀 삶의 의욕을 상실하고 유키코를 회피한다. 유키코는 생존을 위해 미군에게 몸을 팔고, 예전에 자신을 성적으로 유린했던 이바라는 자의 정부가 되기도 하며 악착같이 살아나간다. 그녀는 도미오카를 끝없이 욕망하지만, 뜬구름처럼 허망하게 떠도는 남자는 여자의 사랑을 받아들이지 못한다. 유키코와 함께 떠난 온천 여행에서 다른 여자를 만나 유혹하고 사랑에 빠지기도 한다. 도미오카의 행위는 가학적으로 보이기도 하고, 강박적으로 보이기도 한다. 어떤 힘에 붙들려, 어떤 저주에 사로잡혀, 유키코를 만나고 헤어지는 반복의 놀이 속에 갇혀 있는 듯이 보인다. 유키코와 도미오카는, 끈끈이풀에 걸린 곤충처럼, 사랑과 뒤엉킨 타나토스에 꿈틀대며 붙들려 있다.

영화가 끝나갈 무렵 희미한 도주선이 열린다. 유키코가 이바의 거금을 훔쳐 나오고, 도미오카도 새로운 근무지 야쿠시마로 가게 된 것이다. 중병에 걸려 쇠약해진 유키코를 데리고 도미오카는 섬으로 가는 배를 탄다. 카메라는 뱃전에서 부슬비를 맞으며 서로 기댄 두 연인을 클로즈업으로 보여준다. 중절모를 쓰고 고개를 숙인 남자. 스카프를 목에 두르고 추위에 떠는 여자. 헐벗은 두 인간의 포개진 얼굴. 함께 있다는 안도감과 견딜 수 없는 피로, 미래에 대한 기대와 불길한 예감이 저 얼굴들에 응축되어 있다. 이 한 장면을 위해 영화 전체가 존재하는 것 같은 그런 한 컷. 방황을 마감하고 새로운 곳을 향하지만, 저들의 얼굴은 이미 죽은 자의 그것처럼 보이기도 한다. 실제로 이들의 연애는 일본 남단의 섬에 도착하여 꿈꾸던 삶을 시작하자마자 파국을 맞이한다. 남방의 야생적 폭우가 쏟아지던 날, 유키코는 숨을 거두게 되는 것이다.

타나토스

도미오카의 무책임성과 유키코의 강박적 매달림은 불편하기도 하고 이해하기도 어렵다. 왜 유키코는 도미오카를 떠나지 못하고 늘 그에게 다시 돌아오는가? 마치 죽음과 파멸을 욕망하는 것처럼 보이는 유키코라는 인물을 통해 감독은 무엇을 말하고 싶었던 것일까? 반면에, 무기력과 우유부단함 속에서 주변의 여성들을 모두 죽음으로 몰아넣고 정작 자신은 살아남은 도미오카라는 인물은 누구인가?[12] 〈부운〉은 일본 사회의 패전 트라우마를 한 여성의 비극적 죽음을 통해 상징적으로 애도하고, 살아남은 남성의 부활을 통해 전후의 재건을 위한 생산적 주체성을 회복하려는 '정치적 무의식'의 멜로적 변주가 아닐까?

주목해야 하는 것은 〈부운〉의 영화적 매력이 저 '정치적 무의식'의 성공적 전개가 아니라, 오히려 그것의 계속되는 실패에 기인하고 있다는 사실이다. 가령 도미오카의 활력적 남성성은 끝까지 재건되지 못한다. 유키코의 임종으로 끝나는 나루세의 영화와 달리, 하야시 후미코의 원작소설은 여자의 죽음 이후 남자의 행적을 따라가고 있는데, 소설에서 그는 여전히 무력하고, 우유부단하며, 부유하는 자로 그려진다. 야쿠시마에 묻어놓고 온 유키코의 유해를 찾을지 도쿄로 돌아갈 것인지조차 결정하지 못한 채, 그는 술을 마시며 전전한다. 남성 주체는 복구되지 못한다. 부활하지 못한다. 유령으로 남아 떠돈다. 영화에서나 소설에서나 모두 '뜬구름(부운)'이라는 제목은 도미오카의 이 근본적으로 치유 불가능한, 생명력의 결손과 뿌리뽑힘을 명료하게 역설한다.[13]

유키코 또한 남자를 위해 희생하는 순정의 여인이 아니

다. 그는 시종일관 강인한 존재로 그려진다. 도쿄에 돌아온 이후 유키코의 삶은 생존 위기에 처하지만 이를 억세게 돌파해간다. 도미오카는 그 강렬한 생명력에 경외감을 토로한다. 유키코는 살아나간다. 반면에 도미오카는 죽어 있다. 그는 "혼도 마음도 없는 인간"[14]이다. 나루세는 이 콘트라스트를 강조한다. 여자가 사랑한 것은, 유령적 존재로 떠돌고 헤매는 도쿄의 도미오카가 아니었다. 그것은 베트남에서 보았던, 햇빛에 건강하게 그을린, 냉소적이지만 생명력 충만한 남성이었다. 야쿠시마에서라면 과거의 그를 되찾을 수 있다는 희망이 유키코의 마음 깊이 숨겨져 있었으리라. 하지만 그것은 헛된 환상이었다. 그녀가 이 환상에 무섭게 집착한 이유는, 아무런 희망도 없는 도쿄에서의 죽음 같은 삶에서 유일한 탈출구가 그 환상이었기 때문이다. 환상임을 알지만 벗어나지 못하는 그런 환상이야말로 참된 환상이 아니던가?

이런 점에서, 〈부운〉이 그리는 사랑은 그것의 본질인 에로스와 분리되어 있다. 사랑과 낭만성의 연결, 사랑과 생명의 연결, 사랑과 미래의 연결도 끊어져 있다. 나루세 영화의 핵심에 "남자와 여자와 빛"[15]이 있다면, 사랑으로부터 오는 그 빛은 열기도 광채도 희망도 주지 못하는, 광선의 본질이 제거된 이상하게 검은 빛이다. 어둠보다 더 어두운 빛. 〈부운〉의 독특성은 여기에 있다. 사랑의 내부를 채우며 들어오는 것은 죽음이다. 사랑을 통해 죽음이 지속되고, 죽음이 운동하고, 죽음이 스스로를 관철해나간다. 영화 내내 반복되는 볼레로의 나른하고, 감미롭고, 몽환적인 리토르넬르 ritournelle. 이 리듬에의 중독.

〈부운〉의 진정한 주인공은 도미오카와 유키코가 아니라 이들을 사로잡은 채 조용히, 반복적으로, 영원히 파도쳐 오는 죽음 충동이다. 나루세는 이 타나토스의 역사적 기원을 암시적으로 드러낸다. 연인들이 움직이는 이동선은 일본 제국주의의 상승(베트남), 몰락(도쿄), 변형(야쿠시마)의 리듬과 일치한다. 환언하면, 〈부운〉은 일본 제국주의가 방출한 죽음의 에너지, 그 파괴 기계의 운동이 개별자들의 삶에 스며들어와 그들의 생명력을 꺾어놓고야 마는, 파멸의 궤적을 충실히 따라가고 있는 것이다. 20세기를 규정하는 가장 굵고 비참한 역사의 선線인 전체주의(세계대전)가 개인의 생존선과 착잡한 방식으로 얽혀 하나로 수렴하고 있다. 나루세는 이 수렴을 서사의 전면에 내세우지 않고, 이미지를 통해 강조하지도 않고, 대사를 통해 힘주어 표상하지도 않았다. 대신 그것은 영화의 도처에 무드로 깔려 있다. 역사와 개체가 파멸이라는 한 점에서 만난다는 저 사실은 어떤 메시지나 의미로도 씻기지 않는 얼룩처럼 관객들의 마음을 물들인다. 이런 점에서 〈부운〉은 로셀리니의 〈독일영년〉(1948)과 차라리 깊이 공명한다.

동시대적 공명

광대한 폐허로 변한 베를린을 배경으로 생존을 위해 고투하는 열두 살 소년의 이야기를 그린 로셀리니의 〈독일영년〉. 소년이 병든 아버지를 독살하고 실성한 오이디푸스처럼 베를린 거리를 헤맬 때, 그를 따라가는 카메라는 우리에게 무엇을 보여주는가? 그것은 존재하는 모든 것들에 그림자를 드리운 타나토스가 아닌가? 충격적 부친살해의 배후에는 인종청소라는 거대 살인 기계의 작동, 그리고 그 결과 생성된 압도적 폐허가 있다. 로셀리니의 카메라는 타나토스를 관념에서 끌어내어 가시적 세계로 끌고 나온다. 거기 모든 것은 죽음에 붙들려 있다.

이 영화에서 죽음은 개인에게 닥쳐오는 사건이 아니라, 세계 전체가 함께 겪었고 또 여전히 겪고 있는 "지각과 정동의 블록"이다.[16] 환경이고 조건이다. 도시 그 자체, 도시의 이미지 전체다. 죽음은 사유나 관념이 아니라 현실의 구성원리다. 일반화되고 추상화된 비인격적 죽음이다. 이런 이유로, 소년이 고층 건물에 올라 의미 없는 장난을 치다 갑자기 창문 너머로 투신자살할 때, 저 충격적 행위는 어떤 살아있던 생명이 파괴되는 것이 아니라, 이미 죽음에 물들어 있던 몸뚱이가 결국 최종적으로 처분되는 상황, 이미 죽어 있었음이 이제서야 확인되고 확정되는 사후적事後的 사태처럼 느껴지기도 하는 것이다. 열두 살 소년의 영혼을 잠식한 저 죽음 앞에서 우리는 무엇을 할 수 있는가? 더 정확히 말하자면, 죽음이 지배하는 곳에서 열두 살 소년은 무엇을 할 수 있는가? 이탈리아 네오리얼리즘은 바로 이 질문에서 탄생한 것이 아닐까?

유사한 시기 한국 영화의 잊을 수 없는 몇몇 이미지들. 가령 김기영의 〈현해탄은 알고 있다〉(1961)의 마지막 장면. 폭격으로 켜켜이 쌓인 불탄 시체들 속에서 간신히 깨어나 좀비처럼 비틀대며 기어 나오는 주인공의 검은 몸뚱이는 생명에 속하는가 죽음에 속하는가? 이만희의 〈휴일〉(1968). 애인이 낙태 수술을 받는 동안 술집에서 유혹한 다른 여자와 공사장 폐허로 자리를 옮겨 정사를 시도하는 남자 주인공의 방황이 멈춰진 곳, 낡고 지친 그의 구두 옆으로 뻗어가다 멈춘 저 철로는 과연 생명으로 가는 길을 지시하는가, 아니면 그 길의 절단과 파괴를 표시하는가? 신상옥의 〈지옥화〉(1958)의 종결부. 허우적대는 남자와 여자가 빠져 몸부림치는 검은 뻘밭. 석유처럼 끈적거리며 모든 것을 삼키는 강변의 진흙과 거기 반사되는 금속성 햇빛의 파편들. 애정도 희망도 다 빨아들인 채 부글거리는 흙과 물의 뒤섞임은 한국 전쟁이 남긴 폐허 곳곳에 고여 있는 타나토스의 생생한 이미지가 아닐까?

#

걸작에는 역사가 없다.

시간의 흐름 속에서 탄생하는 것이 아니라

시간의 흐름을 끊으면서 솟아난다.

사회적 배경도 무의식도 하부구조도 없다.

걸작은 이상한 솟아남이다.

설명을 통해 소진되지 않는다.

다시 읽히고 다시 해석되고 다시 탄생하면서

지속적으로 살아나간다.

<부운>은 걸작이다.

#

덧없는 이미지들의 극한 생존력.

절대 잊을 수 없는,

하지만 아무런 의미도 없는 순간적 이미지들.

#

영화가 그리는 인간의 삶에서 대개 빛은 어둠보다 비천하다.

#

영화는 도망치는 자들의 예술이다.

도주하고 숨는 존재들. 비겁하고 나약한 존재들.

존재=도망인 존재들.

모든 동물은 도망친다.

오직 소수의 강자들만이 타자를 보고도 도망치지 않는다.

#

알프스 빙하가 녹으면서 발견되고 있다는
조난된 자들의 유해같이,
우리 삶에 쏟아지는 시간의 폭설 속에 영원히
묻혀 있을 것 같던 기억의 파편들이 간혹 영화를 볼 때 떠오른다.

#

어릴 적, 할머니의 치마폭 뒤에 숨어 찾아간
낯선 친척이나 이웃의 집.
할머니가 그들과 이야기를 나누는 사이에
졸음을 이기지 못한 채 잠에 빠졌다 일어나 바라본
낯선 방, 빛의 각도, 먼지들,
마루에서 들려오는 목소리들과 냄새.

#

또는, 짧은 시골 여행에서 사귄 친구나 금세 정들어버린
강아지와 헤어지고 나서 다시 집으로 돌아왔을 때,
납득할 수 없는 물질성으로 거기서 다시 시작되는
내 생활의 논리 앞에서 느끼곤 했던 묘한 기분.

#

나와 세계 사이에 생긴 비틀림. 마음의 탈골감脫骨感.

#

관자놀이를 움푹 꺼트릴 것처럼 뇌를 안으로 빨아들이는 생각의 흡입력.

#

작품을 보기 이전의 나와 그것을 보고 난 이후의 내가 다시 결합하지 못하고 어긋난 채 각자의 세계 속으로 영영 헤어져버린 것 같은 느낌.

#

세상이 시작될 때가 아니라 끝날 때 연인이 나타난다.

#

슬픔은 감정의 한 종류가 아니라 반反감정이다.
슬픔이 아주 강렬해지면 감정들이 모두 사라진다.
그래서 정말 슬플 때 우리는 슬프지 않다.
아무것도 느끼지 못한다. 감정의 능력을 상실당한다.
너무 슬픈 자는 울지 않는다.
슬픔은 맑고 투명한 텅 빔이다.
위대한 멜로드라마에서 사랑을
상실한 자의 얼굴에서 우리가 보는 것.

#

"꽃의 생명은 너무나 짧고 괴로움은 끝이 없구나."
— 하야시 후미코

#

죽음이 참새처럼 날아와
누군가의 주변에서 재잘거리는 소리.

#

피부 어딘가에 구멍을 뚫고
거기 몸뚱이 전체를 밀어 넣고
사라지고 싶은 마음.

4장

리얼 스스로 말하게 하라

지아장커

"아직 존재하지 않는 인민에게 호소하지 않는 예술 작품은 존재하지 않는다."[1]

인민의 표상

중국 영화가 인민을 집중적으로 표상하기 시작한 것은 제5세대 감독인 천카이거, 톈좡좡, 장이머우부터다. 대개 베이징 영화학교 78학번인 이들은 1980년대 초에 대거 등장, 1990년대 중반까지 중국 영화의 세계적 선풍을 주도했다. 특히, 천카이거가 감독하고 장이머우가 촬영한 〈황토지〉(1984)는 이들의 영화적 이념을 직관적으로 파악할 수 있게 하는 대표작이다.

영화의 배경은 1939년 중국 북부의 한 외진 마을. 옌안의 팔로군 병사가 구전 민요를 채집하기 위해 이곳을 찾아온다. 구습을 지키며 연명하는 농민들과 함께 노동하면서 또 인류학자처럼 이들을 관찰하면서, 병사는 주민을 계몽한다. 특히, 머물던 농가의 소녀 추이챠오에게 그는 불합리한 인습에서 해방된 세계가 옌안에 있다는 것, 거기서는 여자도 독립된 삶을 살 수 있다는 것, 그것이 사회주의 혁명이라는 것을 알려준다. 그가 옌안으로 복귀한 후, 소녀는 아버지의 강요로 마을의 늙은이에게 팔려 간다. 하지만 곧 자유를 찾아 탈출한다. 어두운 밤 쪽배를 타고 마을을 떠난다. 메시지는 선명하다. 사회주의적 근대와 낙후된 봉건 세계가 직각으로 대립하고 있다. 희망은 남쪽에 있고, 농민들은 폐습에서 구제되어야 한다. 양자를 매개하는 것은 팔로군 병사다.

그런데, 이런 사상적 자명성을 교란하는 한 요소가 시종일관 스크린을 지배하고 있다. 그것이 바로 황무荒蕪, 황토의 풍경이다. 장이머우의 카메라는 척박한 북방 고원을 원경에서 집요하게 비춘다. 거기 펼쳐지는 것은 인간 생존을 가능하게 하기보다 오히려 저지하기 위해 존재하는 듯 보이는 누런 불모의 땅이다. 융기해 있는 자갈밭, 탁류로 흐르는 거친 황하, 침식되어 깎여나간 비탈들, 파도치듯 지평선까지 뻗어 있는 구릉들, 외롭게 서 있는 나무…

단순한 배경이라기에는 너무나 압도적으로 이 풍경들은 화면에 군림한다. 영화가 밀고 가는 계몽 서사는 이 풍경의 압력에 의해 배반되고, 비틀리고, 굴절된다. 자연은 역사의 파란만장한 변화(봉건제, 사회주의, 자본주의)에도 꿋꿋이 버티는 장기 지속의 시간을 웅변한다. 계몽의 이야기를 크게 외치는 저 영화는 마치 복화술로 말하듯이 은밀하게 이렇게 속삭이는 것이다. 중국이란 무엇인가? 인민이다. 인민이란 무엇인가? 황토다. 대지다. 자연과 동맹을 맺고 역사를 우회하는 장구한 리듬이다. 무참하게 긴 시간이다.

우리는 여기서 〈황토지〉의 분열선을 발견한다. 몽매한 인습의 담지자로 인민을 보는 (영화의 '사상'을 지배하는) 시각은 그들의 얼굴을 응시하는 (영화의 '감각'을 지배하는) 카메라에 의해 부정된다. 내가 보기에 승리하는 것은 카메라다. 세파에 찌들고 노동에 조로한 인민의 얼굴은 누추하지만, 동시에 거센 자연을 닮은 완강한 존재감을 발산한다. 인민과 자연은 닮아 있다. '사회-역사적' 주체를 넘어서는 '생태-지질학적' 주체로서의 인민. 타자의 얼굴을 보면서 그를 죽일 수 없다는 에마뉘엘 레비나스처럼 말해보자면, 인민의 얼굴을 보면서 그를 계몽할 수는 없다. 인민의 얼굴은 계몽자를 도리어 계몽하기 때문이다. 인민의 얼굴에는 누대에 걸쳐 축적된 고난과 고초와 비굴과 분노와 야합과 저항이 퇴적층처럼 켜켜이 집적되어 있다. 그것은 이념과 사상을 초월하는 착잡한 아우라를 내뿜는다.

기우제 혹은 자본주의

〈황토지〉의 마지막 장면은 이런 점에서 자못 징후적이다. 이야기인즉, 옌안으로 떠났던 팔로군 병사는 마을로 돌아온다. 자신이 기거하던 집을 찾아가지만, 그곳은 텅 비어 있다. 기우제가 시작된 것이다.

용머리 성물聖物이 세워져 있고, 그 아래 엎드린 주민들은 모두 웃통을 벗은 채, 머리에 풀을 엮어 만든 관을 쓰고 의례를 행한다. 인민은 개체가 아니라 집단적 신체를 이루고 있다. 정동의 흐름이다. 비가 내리지 않는 하늘을 바라보며 트랜스에 가까운 열광 상태에 빠진 이들은 필사적으로 기도하고, 울부짖고, 탄원한다. 맑은 하늘에는 어떤 변화도 없다. 말라가는 못에서 기포가 솟아오른다. 좌절이 이들을 짓누른다. 그런데 이때, 이유를 정확히 알 수 없는 돌발적 상황이 발생한다.

침묵 속에서 무언가 기다리던 군중이 갑자기 성물을 뽑아 들고 고함을 지르며 어디론가 몰려가기 시작하는 것이다. 영화는 별다른 해명을 제시하지 않는다. 저것은 의례의 한 절차인가? 기도에 미동조차 않는 하늘에 대한 분노의 폭발인가? 우발적 히스테리인가? 사제 권력을 부정하는 봉기인가? 새로운 방향 혹은 해결책을 발견한 것인가? 관객에게 주어지는 유일한 힌트는 팔로군 병사의 등장이다. 기우제 군중이 질주하는 것과 동시에 팔로군 병사가 언덕을 넘어온다. 그렇다면 군중은 마을로 돌아온 계몽적 주체와 사회주의 이념을 향해 열광적으로 달려가고 있는가? 그렇지 않다. 군중은 병사의 출현을 인지하지 못했다. 오히려 그에게 등을 보이며, 그와 반대 방향으로 질주하고 있다. 오직 한 사람만이 그의 귀환을 알아보고 병사를 향해 방향을 바꾼다. 마을을 떠난 소녀의 동생 한한이다. 소년은 군중의 흐름을 거슬러, 그들을 헤쳐 가며, 그들과 부딪치며 병사 쪽으로 간신히 발걸음을 옮기고 있다. 그런 카오스 속에서 영화는 끝난다. 끝끝내 군중이 향해 가는 그곳이 어디인지 명시되지 않는다.

기묘하다. 〈황토지〉가 1970년대 말의 개혁개방(자본주의적 욕망의 해방)과 1989년의 천안문 사태(민주주의적 욕망의 압살) 사이의 중간 시점, 즉 1984년에 제작되었다는 사실을 상기할 필요가 있다. 이를 고려하면, 저 기우제 군중은 이제 막 시작된 자본주의라는 격랑에 휘말려 가는 중국 인민의 알레고리로 읽힌다. 기우제가 채우지 못하는 생존 욕망을 실현하기 위한 절박한 쇄도. 이들은 봉건적, 원시적 의례보다 더 큰 마술적 위력으로 자신들을 끌어당기고 있는 자본주의적 판타스마고리아를 향해 달려가고 있는 것이 아닌가? 뒤늦게 도착한 팔로군 병사(사회주의)를 따르는 자는 거의 없다. 소년만이 대세를 거스르는, 외로운 이탈의 자리에 서 있다.

지아장커 월드

사회주의에 등을 돌린 채 질주하는 저 다수의 인민은 지금 무엇을 향하여 저렇게 맹렬히 달려가는가? 저들은 어떤 운명을, 어떤 삶을 겪게 되는가? 영화의 마지막에 흘리듯 던져진 이 예리한 질문은 〈황토지〉의 사회학적 성취다. 그러나, 이 질문은 5세대 감독들이 성공 가도를 달릴 때 만들어진 작품들, 가령 장이머우의 〈국두〉(1990), 〈홍등〉

(1991), 〈귀주이야기〉(1992), 혹은 천카이거의 〈현 위의 인생〉(1991), 〈패왕별희〉(1993)에 다시 등장하지 않는다.

이 물음에 대한 해답의 모색은 5세대가 아닌 6세대, 즉 1960년대 이후에 출생하여 1980년대와 1990년대 초반에 베이징 영화학교를 졸업한 일군의 감독들에 의해 이루어진다.[2] 이들은 천안문 사태를 체험하고, 개발주의의 빛과 어둠을 직시하며, 중국 사회의 급격한 변동을 지켜보면서 자라났다. 5세대와 미학적으로 대립각을 세우고, 선배들이 구축하려 했던 중국적인 것의 신화를 해체하고 그 자리에서 현실의 실제 인민들을 재발견한다. 허구적 드라마가 아닌 리얼리티, 자연이 아닌 도시, 영웅이 아닌 지금 당장 눈앞의 개인들에게 관심을 가졌던 6세대를 대표하는 감독이 바로 지아장커다.

지아장커는 1970년에 중국 산시성의 소도시 펀양에서 태어났다. 그 고장은 고원지대로서 광산업이 발전한 황량하고 척박한 지형을 가진 곳이다. 아버지는 중등학교 교사였고 어머니는 국영 기업의 판매 담당 직원이었다. 거칠고 반항적인 청소년기를 보낸 그는 부친의 권유로 (수학 점수가 너무 낮아 수학 시험을 치르지 않는) 미술대학 입시를 준비하다가, 돌연 진로를 바꾸어 영화를 찍기로 결심한다.[3] 흥미롭게도 감독이 되겠다고 결심한 계기를 제공한 것은 우연히 관람하게 된 〈황토지〉였다. 후일 그는 다음처럼 회상한다. "천카이거가 찍은 〈황토지〉는 내 고향과 비슷했고, 특별한 느낌이 들었다. 영화를 보며 눈물을 흘렸던 기억이 난다. 내가 왜 그렇게 감동을 했는지는 잘 모르겠다. 영화를 보고 난 후 결심했다. "영화를 찍을 거야. 딴 건 필요 없어."[4] 입시에서 두 차례 낙방하고 삼수 끝에야 비로소 그는 1993년 북경전영학원에 입학하게 된다.

최초의 단편영화 〈샤오산의 귀가〉(1995) 이후, 그는 연이어 세 편의 문제작을 선보이며 화려하게 데뷔한다. 〈소무〉(1998), 〈플랫폼〉(2000), 〈임소요〉(2002). 감독의 개인적 경험이 짙게 배어 있고, 산시성에 자리한 편양과 다퉁의 청년들을 주인공으로 하고 있다는 점에서 위 작품들은 '고향 삼부작'이라 불린다. 2004년의 〈세계〉는 지아장커가 최초로 산시성이 아닌 베이징을 배경으로 찍은 영화다. 베이징 세계공원이라는 테마파크에서 일하는 청년들의 삶과 죽음을 다루고 있다. 이어, 2006년의 걸작 〈스틸 라이프〉로 지아장커는 베니스 국제영화제에서 황금사자상을 수상하고 제6세대의 대표 주자로 우뚝 선다. 2010년대에 접어들면 〈천주정〉(2013), 〈산하고인〉(2015), 〈강호아녀〉(2018) 등이 발표된다. 이들은 초기작에 비해 상업적, 대중적 성격이 더 강하게 나타나지만, 여전히 감독 특유의 날카로운 사회비판의 시선을 드러낸다.[5]

지아장커 영화의 주인공들은 "난파되었으나 그래도 생존하려 하는 사람들, 〔…〕 현실의 삶을 살아가는 구체적이고 개별적인 인민들"이다.[6] 이들을 난파시킨 파도는 개혁개방 이후의 총체적 사회 변화다. 지아장커의 인물들은 표류하는 파편들, 잔해들이다. 전체에서 떨어져 나온 개체들이다. 이들은 (가족이건, 친구이건, 연인이건, 동료이건) 연대하지 못한다. 신뢰나 애정도 희박하다. 여행길에 잠깐 스치는 존재들처럼 서로를 대한다. 깊은 고독감이 이들을 사로잡고 있다.

개별자로 표류하는 존재라는 점에서 지아장커의 인민은 〈황토지〉의 인민과 확연히 다르다. 이 특징은 '고향 삼부작'에서부터 선명하게 나타난다. 인민은 〈황토지〉에서처럼 자연의 척박함과 싸우며 그에 적응하며 살아가는 것이 아니라, 자본주의의 거품과 찌꺼기를 파먹으며 생존한다. 감독의 시선에는 애정과 거리, 유머와 비애, 동감과 안타까움 같은 양가감정이 교차한다. 광폭한 개발 속에서 가치를 상실해가는 존재(인간, 건물, 사물, 풍속, 생각, 가치)들의 허름하지만 질긴 생명력이 관객 마음 깊은 곳을 고요히 흔든다.

첫 장편 〈소무〉는 펀양의 한 소매치기의 이야기다. 건들거리며 동네를 배회하는 것이 일과인 그의 주변에는 변화를 틈타 부자가 된 친구도 있고, 점포가 철거되어 이주하는 친구도 있다. 하지만 소무는 시류를 타고 상승할 능력도 새로운 곳으로 떠날 의지도 없다. 가족에게 인정받지 못하고, 사회에도 닻을 내리지 못하고, 친구들로부터도 외면받는 낙오자다. 유일하게 동질감을 느끼며 다가간 노래주점의 여급도 부유한 남자를 만나 훌쩍 떠나버린다. 결국 그는 대대적 범죄 단속을 벌이던 공안에 체포되어 수갑을 찬 채 거리 군중들의 구경거리로 전락한다.

〈플랫폼〉은 1979년부터 1989년까지 약 10년 동안 편양의 문예선전대 소속 예술가들이 어떻게 시대의 격랑에 부서져 흩어져가는지, 담담하게 추적한다. 주인공 추이밍량과 동료들은 자신들의 예술적 사업에 자부심을 느끼지만, 동시에 외부 세계에 대한 동경을 키워간다. 그런데, 선전대가 민영화되면서 이들은 새로이 열린 자본주의적 문화 시장에 무방비 상태로 던져진다. 자존심이 무너지고 선전대는 유랑 극단으로 전락하여 소도시 공터, 탄광촌, 도로변의 트럭이나 천막에서 공연하며 값싸게 시류에 영합해간다. 한때 사회주의 이념을 고취하는 거대서사를 노래했지만, 이제 퇴락하여 주변부를 부유하는 패배자가 되어 더 이상 아무런 비전이 보이지 않자 모두 고향으로 처량하게 돌아온다. 개발로 인해 마구 파헤쳐진 고향에서 이제 이들은 각자 흩어져 평범한 삶을 쓸쓸히 시작해간다.

2001년의 다퉁을 배경으로 하는 〈임소요〉의 주인공 빈빈과 샤오지는 〈플랫폼〉의 추이밍량이나 〈소무〉 주인공의 21세기적 후예들이다. 하지만 이들을 둘러싼 현실의 벽은 더 높고 견고하다. 빈빈은 일자리를 그만두고 하릴없이 소요하며 시간을 죽인다. 과거 파룬궁에 연루된 적 있는 엄마는 빈빈을 다그쳐 군대에 보내려 한다. 하지만 불운하게도 신체검사에서 간염이 발견되어 유일한 탈출구마저 포기하게 된다. 한편 샤오지는 몽골 술을 판매하는 수상한 유흥단의 무희 차오차오에게 반해 그녀를 쫓아다니며 구애한다. 하지만 이들의 연애는 차오차오를 관리하는 폭력배 사장에 의해 좌절된다.

미래가 속절없이 닫혀버리자, 빈빈과 샤오지는 은행을 털기 위한 무모한 계획을 짜고 이를 실행한다. 하지만 현장에서 사제 폭탄의 허술함이 공안에 의해 간파되어, 빈빈은 무기력하게 체포되고, 밖에서 기다리던 샤오지는 재빠르게 도주한다. 비 내리는 언덕길, 언제나 결정적인 순간에 시동이 꺼지는 샤오지의 오토바이는 또 멈춰버린다. 그는 다른 차를 얻어 타고 어디론가 사라진다.

지아장커의 영화는 길에 대한 영화다. 과거에 그 길의 이름은 혁명이거나 연대였다. 하지만 이제 그의 영화에서 그 길들은 한없는 외로움과 모호성 속에 잠겨 있다. 함께 가는 길, 가야 하는 길, 갈 수 있는 길은 이제 없다. 모두가 흩어졌다. 〈소무〉의 주인공은 홀로 남아 길에 던져진다. 〈플랫폼〉은 개혁개방 이후 중국 인민들이 맞이하게 된 길의 이상증식, 길의 폭발과 분열에 관한 것이다. 고독하기 때문에 외로운 것이 아니라, 길들이 분열하여 나의 길은 오직 나 자신이 가야 하는 것이기에, 그것이 너무나 확고한 것이기 때문에 외로운 것이다. 한 도시에 갇혀 있는 청춘 군상들을 그려내지만, 그럼에도 불구하고 그의 영화는 본질적으로 '로드무비'다.

리얼 스스로 말하게 하라

지아장커 영화의 힘은 특유의 리얼리즘에서 온다.[7] 특히 위의 초기작들은 날것의 현실이 조작 없이 그대로 스크린에 옮겨온 듯한 착각을 불러일으킬 정도로 비상한 실재감을 준다. 가령 나는 펀양이나 다퉁에 실제로 가본 적이 없다. 여행 몇 번을 제외하면, 중국 사회를 깊이 체험한 적도 없다. 중국인들과 친교를 나누고 그들의 삶을 들여다본 적도 많지 않다. 중국 인민은 나에게는 타자다. 그러나 지아장커 영화가 시작되는 바로 그 순간 즉각적으로 어떤 지성의 매개도 없이, 나는 영화가 제공하는 처음 보는 세계의 감화력에 휘감긴다. 이것은 아마도 비전문 배우들의 활용, 그가 자주 사용하는 롱테이크, 현장의 소음을 영화에 살리는 사운드스케이프, 개인의 사소하고 구체적인 일상을 비추는 촬영 등이 어우러져 생성되는 미학적 효과이리라. 그런데 지아장커 리얼리즘에는 저 '기법' 수준을 초과하는 무언가가 존재하는 듯이 느껴진다. 그것은 무엇일까?

지아장커는 영화라는 매체를 통해 실재를 충실히 재현한다는 그런 전통적 의미의 리얼리스트가 아니다. (위대한 리얼리스트들이 늘 그러하듯이) 그는 일반적 의미의 리얼리즘을 뒤집는다. 즉, 실재는 재현의 '대상'이 아니라 '주체'다. 감독이 실재를 재현하는 것이 아니라, '리얼'이 영화 속에서 터져 나온다. 즙처럼 새어 나오거나, 증기처럼 분출하고, 감정처럼 범람한다. '리얼'이 스스로 출현하여, 말하고, 표현하는 주격이 되기 위해서, 감독은 증인이나 목격자의 자리로 물러나야 한다. 감독은 그런 이미지의 출현의 순간, 실재의 말문이 터지는 순간을 기다리며 자기 존재를 지워야 한다.

영화에서 리얼이 스스로 말하는 순간들이 있다. 가령 오래전 이마무라 쇼헤이의 〈나라야마 부시코〉(1983)를 볼 때였다. 영화 어딘가에서 주인공이 거대한 나무를 총으로 쏘는 장면이 있었다. 주인공 아버지의 영혼이 깃들여 있는 그 거목은 살아 있는 동물처럼, 총상을 입고 괴로워 울부짖는 동물처럼, 이파리와 가지들을 부르르 떨며 몸부림쳤다.

나는 순간적으로, 제어하기 힘든 동요와 충격을 겪었다. 마성적 힘에 제압당하는 듯이. 충격은 단순히 심리적인 것이 아니라 육체적이며, 물질적이고, 생리적이었다. 식은땀을 흘리고 항진된 심장 박동에 시달리며, 그 자리에 머물지 못한 채 공황 상태로 극장을 벗어났다. 총을 맞은 나무의 경련하는 이미지는 내 밖에서 내 안으로 들어와, 나를 다른 누군가로 변화시키고 있었다. 마치 바이러스나 병원균에 감염되듯 이미지에 감염된 환자. 일종의 시네-페이션트 cine-patient. 집으로 돌아오는 길에 나는 이미지와 상징과 실재가 (라캉이 말하듯) 서로 근본적으로 구별되는 상이한 차원들이 아니라, 궁극적으로는 하나임을 깨달았다. 모든 것은 어떤 연결과 어떤 공명共鳴 속에서 '실재'가 된다. 말하는 실재 앞에서 우리는 주체가 아니라 증인이다. 페이션트, 즉 감수자다.

리얼리즘이란 이런 것이다. 현실과 영화가 얼마나 비슷한가, 얼마나 있는 그대로 현실을 재현했는가? 이렇게 묻는 대신 리얼리스트는 다음처럼 질문한다. 내가 찍은 영화 속에서 실재는 얼마나 강력하게 꿈틀거리고, 생동하고, 말하고, 명령하고 있는가? 작품에 포획된 실재의 함량은 얼마인가? 감독 자신이 동시대 중국 현실을 규정하고 재현하고 설명하려 들지 않고, 수많은 이야기와 정동을 함축한 장소와 시간, 인물과 도시, 사물과 건물, 의복과 음식을 그것들의 물성 그 자체로 영화에 불러내 그들 스스로 말하도록 할 때, 지아장커는 탁월한 리얼리스트다. 우리는 그의 영화에 감응한다. 이 감응은 리얼의 힘이다. 지아장커는 리얼이 언제 그리고 어떻게 말하는지를 안다. 무언가 사라지기 시작할 때, 소멸할 때, 붕괴할 때, 기능이 정지했을 때, 그때 리얼은 이미지로 말한다. 영화에서 실재란 그것을 본 이전과 이후를 단절시키는 힘의 이름이다.

다시 한 번 반복해 말하자면, 리얼의 언어는 이미지다. 어떤 사물이 파손되었을 때, 혹은 누군가 죽었을 때, 이미지는 비로소 그때 파손된 사물과 죽은 인간의 실재를 드러내며 나타난다.[8] 고장 난 사진기로 우리는 사진을 찍지 않는다. 사용이 불가능할 때 우리는 사진기의 색깔과 모양과 특이성을 그저 바라본다. 기능적 연관에서 이탈된 사물만이 참된 시선의 대상이 된다. 말하자면, 사물은 부서지거나 고장

나기 전에는 자신의 실재를 계시하는 이미지로 나타나지 않는다.

사랑의 진실도 오직 관계가 종결된 후에 지각된다. 파괴와 소멸이, 실재가 이미지를 통해 현현하는 통로인 까닭은 무엇일까? 오랫동안 살아온 집에 배어 있는 모든 추억, 기억을 넘어서는 집 그 자체의 실재는 집이 철거되는 (혹은 그 집을 떠나 이사하는) 순간에 비로소 드러나지 않던가? 죽은 자의 얼굴은 과연 누구의 것인가? 얼굴의 주인이던 자는 이미 사라져 없고, 시신의 안면이 하나 남아 있는 상황. 이제 곧 부패하여 형체를 잃어버릴 어떤 인격의 마지막 버팀. 그 속에서 우리는 한 일생이 축약되어 육박해 오는 것을 느낀다. 시신의 얼굴은 언제나 끔찍하며, 언제나 내밀하며, 언제나 진실하다. 그것이 바로 그 인간의 실재다.

한 세계가 스러져갈 때, 한 사물이 폐물이 되어갈 때, 한 인간이 죽음 쪽으로 방향을 틀 때, 과거에는 인지할 수 없던 강렬한 진실이 이미지로 빛을 뿜는다. 도태건 불운이건 폭력에 의한 제거이건, 지아장커 시네마의 중심에는 이 사라지는 것들의 에피파니epiphany가 있다. 소무도 사라지고, 추이밍량도 사라지고, 빈빈도 사라지고, 샤오지도 사라지고, 사회주의도 사라지고, 동네 미장원도 사라지고, 옛날 거리도, 건물들의 회색빛 기운도 사라진다. 지아장커의 인민과 풍경은 역사 속에서 덧없이 사라지는 존재다. 이 사라짐이 섬광이 되는 순간을 그의 카메라는 기다린다. 이런 기다림 속에서 마침내 건져 올린 지아장커 리얼리즘의 걸작이 바로 〈스틸 라이프〉다.

기멸감

영화는 동일한 장소에서 교차하는 두 개의 다른 이야기로 구성되어 있다. 하나는 16년 전에 헤어진 아내를 찾아 펀양에서 온 광부 한싼밍의 이야기다. 다른 에피소드는 산시성 타이위안에서 온 간호사 선홍의 에피소드다. 그녀는 2년간 집으로 돌아오지 않은 남편의 행방을 찾아 이곳으로 왔다.

사라진 아내와 사라진 남편을 찾는 이 두 사람이 헤매고 다니는 지역은 그야말로 모든 것들이 곧 물에 잠겨 사라지게 될, 일종의 예정된 소멸 공간이다. 싼샤(삼협) 댐 건설이 진행되는 장강長江 수몰지구가 그것이다. 일부 마을은 이미 잠겨 보이지 않고, 건물들은 뼈대와 골조만 남긴 채 폐허가 되어 있다. 그 잔해에 달라붙어, 땡볕에 땀을 흘리며, 노동자들이 리드미컬하게 해머로 건물 벽을 때려 부수고 있다. 방역복을 입은 자들이 등에 소독약을 짊어지고 부서진 집들 곳곳을 방역하고 있다. 아직도 사람들이 떠나지 않은 번잡한 구역의 건물 2층 벽에도 "3기 수위선水位線 156.5미터"라는 표시가 붉은 페인트로 그려지고 있다. 그 선 아래는 모두 잠길 것이니 빨리 떠나라는 경고다.

수몰지구는 그 자체로 초현실적이다. 그 공간에는 새로

만들어지는 것, 지어지는 것은 없고 대신 파괴되는 것, 사라지는 것, 해체되는 것만이 있다. 2천 년이 넘은 유적지도 곧 잠기므로 고고학자들이 땅을 파고 유물을 찾고 있으며, 공장도 문을 닫았고, 모두가 어디론가 떠날 준비를 하고 있다. UFO가 출현한다거나, 멀쩡하던 건물이 로켓처럼 하늘로 발사되는 장면들이 그다지 비현실적으로 느껴지지 않는 곳, 공간과 시간과 상황 자체가 이미 현실성을 상실한 그런 곳이다. 방역복을 입고 소독약을 뿌리는 사람들 역시 우주복을 입고 외계 행성을 탐사하는 사람들처럼 초현실적으로 그려지고 있지 않은가? 자본과 인민, 국가가 아무런 매개 없이 민낯을 드러낸 채 수몰지구에 뒤엉켜 있다. 행정 시스템은 마비된 듯하고 자본은 댐 건설 이후의 개발을 꿈꾸며 부지런히 움직이고 있다(선홍의 남편 궈빈은 부유한 기업 사장인 딩야링과 불륜 관계에 빠져 아내와의 연락을 끊은 상태다). 인민들은 언제 곧 정리해야 할지 모르는 저 임시적 시공 속에서 여전히 노동하고, 싸우고, 속이고, 고투하며 생존해가고 있다.

사라짐의 공간에는 사라짐의 시간이 떠돈다. 그것은 '과거→현재→미래'와 같은 선형적 시간이 아니다. 시간 자체에 질적 변화가 일어났다. 시간은 특이해졌고 압축되었고 격해졌다. (실질적으로는) 이미-사라진 것들이 (감각적으로는) 아직도 현존하는 저 이상한 시간. 하지만 우리는 알고 있다. 건물도, 가게도, 거리도, 자동차도 저기 저렇게 있지만 곧 물에 잠겨 사라지리라는 것을. 우리의 정신은 미래의 어느 시점으로 슬그머니 이동한다. 수몰 이후. 거기에 자리를 잡고 이미 과거가 된 지금을 보는 것이다. 이것은 전미래前未來의 시각이다. 전미래의 시간은 현존 세계를 이미 소멸한 것으로 보게 한다. 정신의 눈으로 조망된 이미 소멸한 세계는 애틋하고 괴이하다.

이미 소멸했지만 아직 사라지지 않은 무언가에 대한 이묘한 감각을 지아장커 이전에 이미 영화적으로 포착한 것은 1980년대의 홍콩 뉴웨이브다. 아크바 아바스Ackbar Abbas는 그 특유의 시간 감각이 홍콩의 지정학적, 정치적 운명과 어떻게 연관되어 탄생했는지를 보여준 바 있다.

우리가 잘 알고 있듯 홍콩은 1982년부터 1984년까지 이어진 수십 차례의 협상 끝에 결국 1997년에 중국에 반환되기로 결정된다. 이후, 1984년부터 1997년 사이에 홍콩은 기묘한 시간성에 휘감긴다. 즉, 중국에 아직 반환되지 않았다는 점에서 홍콩은 여전히 홍콩이지만, 머지않아 중국에 반환된다는 것이 확정되었다는 점에서 홍콩 고유의 정체성과 기억과 미래는 소멸하기 시작한다. 이처럼, 이미 사라졌는데 아직 완전히 소멸하지 않은 세계가 야기하는 감정을 아바스는 '기멸감déjà-disparu, 旣滅感'이라 부른다. 기시감déjà-vu과 정확히 대립하는 감정인 기멸감은 "새롭고 독특한 것이 언제나 이미 사라져버렸고, 〔…〕 결코 존재한 적 없는 기억의 뭉치를 움켜쥔 채 우리가 남겨져버렸다는 느낌"[9]으로 정의된다.

예를 들어, 왕지아웨이의 〈동사서독〉(1994)이나 〈중경삼림〉(1994)에서 크리스토퍼 도일의 카메라는 마치 염산 같은 독성 물질이 뿌려져 빠르게 형체를 잃고 연기를 내며 기화하는 세계를 시선의 안간힘으로 붙들려는 듯이, 도시와 인간의 해체적 양상들을 추적하고 있지 않은가? 자칫 세련된 광고나 뮤직 비디오를 연상시키는 '기법'으로 오인될 수 있지만, 저 강렬한 덧없음과 과잉 역동성은 세계의 사라짐이 야기한 상실감(기멸감)과 분리되지 않는다. 하나의 세계가 소멸하고 있다. 사라져가고 있다. 등장인물들의 쿨하고 초연한 외면, 우아하게 허무한 몸짓들의 배후에서 세계는 끓는 쇳물 속에 빠져 형체를 잃어가며 소멸하는 고체처럼 광폭하게 몸부림치고 있다.

이 소멸에 대항하여 행할 수 있는 유일한 저항은 그것을 '제대로 보는 것'이다. 보는 것은 세계의 휘발을 저지하려는 행위, 시간의 증발, 결핍, 절대적 부족과 싸우는 처절한 행위다. 왕지아웨이 영화는 산소가 부족하여 헐떡거리는 물고기의 눈이 바라보는 세계처럼, 시간의 부족으로 갈라지고, 찢어지고, 흩어지는 세계의 매정한 아름다움을 포착한다. '이미-소멸한' 세계와 '아직-사라지지-않은' 세계 사이에 남아 있는 유일한 희망이란 오직 저 분열적인 이미지들 밖에는 없다는 듯.

살아나감

〈스틸 라이프〉는 홍콩의 자리에 수몰지구를 놓는다. 도시는 머지않아 물에 잠길 것이다. 모든 것은 흔적도 없이 소멸할 것이다. 기멸감이다. 그러나, 지아장커와 왕지아웨이 사이에는 간과하기 어려운 차이들이 있다.

우선, 〈스틸 라이프〉의 기멸감에는 (홍콩 반환이라는) 정치적 함의 너머의 생태적 함의가 내포되어 있다. 〈황토지〉에서 불변의 웅장함으로 인간을 압도하던 자연은 21세기 중국에는 존재하지 않는다. 자연은 세계 최대의 토목공사를 통해 무참히 변형되고 있다.[10] 장강삼협의 절경은 이제 지폐에만 남게 될 것이다. 자본주의의 힘은 인민과 자연의 원형적 연대를 파괴한다. 사실은 그 파괴 자체가 자본주의적 생산이다. 생산관계와 파괴관계의 구분 불가능한 지속의 현장이 바로 〈스틸 라이프〉의 수몰지구다. 이런 점에서 지아장커의 기멸감은 왕지아웨이의 경우보다 더 구체적이고 깊고 아득하다.[11]

하지만 지아장커의 화면은 부스러지지도 기화하지도 해체되지도 분열되지도 않는다. 오히려 세계는 더 완강한 물질성으로, 더 단단하고 탱탱해진 근육으로, 더 끈질긴 고집으로 버티고 있는 듯이 보인다. 이것이 두번째의 차이다. 무엇이 이 차이를 만드는 것일까? 내 생각에 그것은 인민의 존재감이다. 〈중경삼림〉에도 〈해피 투게더〉(1997)에도 잘 드러나지 않는 인민이 지아장커의 〈스틸 라이프〉에는 있다. 기멸의 장소에서 기멸의 시간을 사는 기멸의 존재가 있다. 그 존재들에 대한 믿음이 있다. 그것은 일반적 의미의 휴머니즘과 다르다. 지아장커는 휴머니스트가 아니다. 정확히 말하자면 그는 인민주의자人民主義者다. 그의 미학의 최종 심급에는 인민이 있다. 중국이란 무엇인가? 인민이다. 인민이란 무엇인가? 기멸자旣滅者다. 이미 멸했지만 유령처럼 되돌아오는 자다. 〈스틸 라이프〉의 저 두 주인공처럼.

한싼밍. 그는 펑제의 폐허에 와서 아내와 딸 대신 동료 노동자들을 데리고 나간다. 건물 해체 작업을 함께 한 뜨내기 인부들에게 산시의 광산으로 가자고 제안을 하는 것이다. 거기서 돈을 벌자고, 지하는 위험하지만 급료가 높다고. 한싼밍은 그렇게 이들을 데리고 수몰지구를 빠져나간다. 선홍은 자신을 배반한 남편에게 이혼을 제안하고 새로운 삶을 시작하러 펑제를 떠난다. 모든 것은 잠길 것이다. 기멸감은 예리하다. 하지만 세상이 물에 잠겨도, 사라져버려도, 인민은 되돌아온다. 막강한 유령들이다.

인민이란 무엇인가? 인민은 대지도 황토도 아니다. 인민은 뒤통수를 보이고 도주하는 저 〈황토지〉의 기우제 군중도 아니다. 그것은 나타나는 인민, 생성되는 인민, 증강되는 인민이다. 인민은 소멸과 파괴를 뚫고 살아나간다. 살아나감이 있다. 살아나감은 단순한 생존과 다르다. 그것은 매 순간, 언제나, 영원히 살아나가겠다는 다짐이다. 서바이벌이

단독자의 생사를 가르는 사건이라면, 살아나감은 개체의 사건이 아니라 다중의 운명이다. 지아장커의 인민은 살아나감의 주체들, 살아나감의 집합체다.

참된 인민은 '아직 존재하지 않는 인민'이다. 사라짐 속에서 부스러지는 인간, 샤오우처럼 건들거리고 빈빈처럼 무모하고 추이밍량처럼 어리석지만, 사라짐 속에서도 집요하게 버텨내는 자들. 지아장커는 인민을 표상하지 않고 예언한다. 혹은 생산한다. 이 생산력에 이름을 붙일 수 있다면, 그것이 바로 리얼리즘이다. 〈스틸 라이프〉의 마지막 장면에서 우리는 지아장커 인민주의, 지아장커 리얼리즘의 탁월한 상징을 만난다. 펑제를 빠져나가는 한싼밍의 머리 뒤로 마치 환각처럼 외줄을 타는 사내가 허공을 걸어가고 있다. 고공에서 외줄을 타는 사람, 발을 헛디디면 떨어져 죽는 사람, 그러나 그 줄을 밟고 살아나가는 사람이 있다. 이 영화는 감독이 인민에게 바치는 헌사다. 협소한 줄처럼 위태로운 곳을 걸어가는 생존주의자. 생존의 협곡을 헤쳐가는 자. 그것이 삼협이건, 지하 갱도건, 공장이건, 혹은 거리건, 인민은 그렇게 살아나가는 것이다.

#

초창기부터 영화는 사회정치적 삶에서 주변화되고

망각된 민중의 삶을 카메라에 담아왔다.

에이젠슈테인의 혁명 군중,

도브젠코의 우크라이나 농부들,

채플린과 버스터 키튼이 극화한 미국 하층 계급 노동자들과

도시 빈민, 미조구치 겐지의 여성들, 비토리오 데시카,

로셀리니가 그린 이탈리아 민중의 얼굴들.

민중의 의복과 음식, 집과 노동 현장, 머리칼과 피부,

더듬거리는 언어, 지배자들과의 대립과 투쟁,

이 모든 민중적 생명의 세부들이 영화의 등장과 더불어

사회의 집합 기억에 등록되기 시작했다.

이때, 인민의 얼굴은 영화적 진리가 서리는 특권적 장소가 된다.

#

파솔리니의 <마태복음>(1964)은 예수에 대한 영화가 아니라
민중에 대한 영화가 아닌가? 도입부에 나오는,
반항적인 듯하면서 수수께끼 같은 어린 마리아의 표정.
고난에 깎이고 피로에 부식되었지만 형형한 눈빛으로
카메라를 쏘아보는 히브리 민중들.
파솔리니가 그린 예수, 그의 언어, 그의 진리는 정작 인민의
저 강렬한 얼굴 앞에서 범상해 보이기까지 한다.
감독의 카메라가 민중의 아픔을 치유하려는 듯, 이해하려는 듯,
사랑과 경의를 품고, 그들의 얼굴을 어루만지고 있기 때문이다.

#

영화의 신학은 언제나 민중신학이다.

#

거친 자연 풍광을 스크린의 실질적 주인공으로 끌어들이는
경향은 사실 중국의 5세대 감독들에게 공통된 것이다.
이들은 주로 "산시陝西와 간쑤甘肅 같은 서부 지역의 눈에
익숙하지 않은 풍경의 광포함"[12]을 즐겨 그렸고,
"시간에 대한 공간의 승리"[13]라 표현할 수 있는
미학적 경향에 몰두했다.
톈좡좡의 <마도적馬盜賊>(1985)이 펼쳐 보이는 티벳 고원과
설산雪山의 야생성, 그리고 이들에 비하면 훨씬 약한 형태이긴
하지만 장이머우의 <붉은 수수밭>(1987)에 등장하는
광활한 수수밭 풍경은 영화의 표면적 서사와
약간 어긋난 채 그 자체로 중국 인민의 초역사적 원초성을
상기시키는 요소로 작용한다.

#

<플랫폼>에는 영화적 '얼굴'이 극도로 절약되고 있다.
지아장커는 인간을 풍경과 얼굴 사이의 막막하고
애매한 공간에 배치시키고 거리를 유지한다.
이 거리두기가 너무나 조직적으로 이루어지기 때문에
우리는 거기 감독의 철학이 배어 있다고 생각하게 된다.
그것은 뭐랄까, 카메라가 비추는 곳에서 살아가는 자들,
그 인생들에 대한 판단을 최대한 배제하겠다는 것으로 보인다.
인간의 얼굴에 흔들리지 않겠다는 것.
우리는 타자의 얼굴을 보면서 그를 해칠 수 없다.
폭력의 대상이 되는 자의 얼굴은
그 사람의 인격이나 지위나 소유물이 아니라,
그것들이 모두 벗겨진 자리에서 나타나는 어떤 '생명'이다.
생명체가 공유하는 바로 그것.
즉, 살고 싶다는 욕망이다.

#

지아장커는 인간의 얼굴을 거리를 통해서 보호한다.

그는 클로즈업을 잘 사용하지 않는다.

클로즈업으로 공간이 당겨지지 않을 때,

사람들의 인생은 독자적 현실,

누구도 개입할 수 없는 자신만의 현실로 나타나게 된다.

이것이 리얼리즘의 힘이다.

리얼리즘은 클로즈업의 금지다.

지아장커는 인간 세계를 풍경에 용해시키지도 않는다.

#

아바스 키아로스타미 영화에서
아주 멀리서 풍경 속의 한 점이 되어 이동하는
인물들의 거의 알아챌 수 없을 정도로
느릿느릿한 움직임을 종종 본다.
그럴 때 우리는 구체적 인생이 아니라,
개체의 삶을 뛰어넘는 유장한 역사를 살아가는
어떤 집단의 운동을 짊어진 상징을 본다.
개별자이지만 거대한 공간과 시간에 붙들려
꼬물거리는 미물 같은 인간.
용납 가능한 슬픔과 납득 가능한 고통과
용서 가능한 죄를 짊어진 인간.

#

막대한 거리를 두고 보았을 때,

비탄과 고통을 불러일으키는 힘을 상실하지 않는 생명체는 없다.

#

<플랫폼>에서 우리는 물러나지도 않고 다가서지도 않는
조절된 거리가 생산하는 인생에 대한 서늘한 무관심,
혹은 반대로 무관심의 형식을 통해서만 표출되는
인생에 대한 지독한 애착을 감지한다.
카메라의 이런 거리 감각을 우리는 주로 타이완 감독들에게서
발견한다. 에드워드 양이나 허우 샤오셴.
이들의 영화에서 우리는 잘 계산된 거리 뒤에서
객관화되고 상대화된 인생들을 본다.
하지만 우리는 그들 인생들의 슬픔이나
격정에 휘말리지 않는다.
감정이입으로 마음이 상하고, 마음이 불타버리는
체험의 직접성으로부터 우리는 보호된다.

#

이 보호는 감독이 사용하는 하나의 술책이다.

그것은 독주처럼 위장에 불을 지르는 술이 아니라,

별다른 취기를 느끼지 못하게 하기 때문에 홀짝거리며 마시다가

어느 한순간 경계를 넘어서 불지불식간에 의식을 빼앗아가는

순한 술이 일으키는, 다스릴 수 없는 광폭한 취기 같은 것이다.

축적된 원경遠景이 정동적으로 범람하는 순간,

우리는 존재의 하찮은 요새를 다 휩쓸고 파괴하며 흘러가는,

무시무시한 흐름에 휩싸인다.

5장

기관 없는 희망

켈리 레이카트

"우리가 희망으로 구원을 얻었으매
보이는 희망이 희망이 아니니
보는 것을 누가 바라리요."[1]

느린 영화의 힘

켈리 레이카트는 미국 독립 영화계의 독보적 감독이다.[2] 항상 재정 압박을 받으면서도 작가적 주권을 포기하거나 상업적인 타협을 한 적이 없는 레이카트는 오직 "외부의 간섭 없이 예술을 창조하는 것"을 꿈꿨다.[3] 그 결과 메인스트림 상업 영화와 명확한 대립각을 이루며 자신만의 독창적인 영화 세계를 창조하는 데 성공한다.

그의 영화는 주로 21세기 미국 민중(많은 경우 여성들)의 '프리케리어스precarious한' 삶을 그린다.[4] 이런 점에서 이탈리아 네오리얼리즘 영화를 연상시키기도 한다. 하지만 네오리얼리즘 특유의 인간적 온기와 낙관성은 레이카트 영화에서는 찾아보기 쉽지 않다. 대신 거기서 우리는 신자유주의가 지배하는 차가운 세계를 살아가는 피폐하고, 빈곤하고, 고통에 짓눌린 자들의 마비된 불행을 본다. 영화의 주된 배경인 미국 북서부 풍경도 황량하고 황폐하고 쇠락해 있다. 도시건 사막이건 숲이건, 낙후와 조락의 분위기는 일관적이다. 느린 카메라가 보여주는 이 어두운 리얼리티는 '사회적' 파괴상과 '생태적' 파괴상의 중첩으로 이루어져 있다. 사회와 자연이 동시에 해체되는 느리고 고요한 파국. 이것이 레이카트 영화가 우리에게 제시하는 세계의 얼굴이다.

레이카트의 스타일은 흔히 "느린 보폭의 리얼리즘"이라 불린다.[5] 사실, 그의 영화에는 특별한 사건이나 스펙터클, 극적 전개가 거의 등장하지 않는다. 카메라는 관조적이고 섬세하고 미니멀하다. 대화는 나직이 중얼거려진다. 롱테이크가 자주 사용되고 스토리텔링도 친절하지 않다. 인물의 본성이나 이력도 드러나지 않는다.[6] 영화 속 많은 장면에서 우리는 "고요, 공백, 텅 빔, 침묵"을 접한다.[7] 차이밍량, 벨라 타르, 카를로스 레이가다스, 아바스 키아로스타미, 리산드로 알론소, 지아장커, 누리 빌게 제일란, 아피찻퐁 위라세타쿤, 페드로 코스타 등과 함께 그가 '느린 영화' 계열의 대표적 감독으로 분류되는 것은 이 때문이다.

그에게 느림은 단순한 미학적 효과나 아방가르드적 실험의 의미를 넘어서, "영화가 아니었다면 놓쳤을 사물들과 사람들을 보게" 하는 가시화 장치로 기능한다.[8] 가속加速이 규범이 된 세계에서 느린 영화는 속도와 변화에 의해 주변으로 밀려난 채 소외된 풍경과 인간의 진실을 드러내기 때문이다. 레이카트 영화가 가시화하는 두 대표적 대상은 세계의 '파국'과 거기 떠도는 인물들의 '불행'이다.

파국은 주로 '집eco'의 소실, 파괴, 해체의 형태를 띤다. 여기서 집은 인물들의 실제 가정을 의미할 수도 있고, 경제economy의 에코나 생태ecology의 에코를 가리킬 수도 있다. 어떤 형태건 간에 레이카트의 세계는 성장하고 진보하는 대신 붕괴하는 세계다. 경제적으로 쇠락하고 생태적으로 파괴된 세계. 이러한 에코의 결손은 영화에 나오는 인물들을 항시적 이동 상태로 몰아넣는다. 그들은 빈곤하고, 불안정하며, 길 위에 있다. '집-없음' 또는 '정처定處-없음'의 상태다. 허망한 도주선들이 영화를 이리저리 가로지른다. 인물들의 불행은 이 존재론적 불안정성에서 온다.

예를 들어, 〈초원의 강〉에서 주인공 코지는 알 수 없는 충동에 휩싸여 남편과 아이를 버리고 집을 나와, 동네 건달 리와 무모한 탈주 행각을 벌인다. 〈올드 조이〉에서는 두 친구가 길을 잃고 쓰레기로 오염된 캠핑장에서 하룻밤을 보낸다. 〈어떤 여자들〉의 주인공들은 직업적으로는 성공했지만, 친밀성의 영역에서 길을 잃고 정서적 공허에 시달린다. 〈믹의 지름길〉에 나오는 서부 개척민들은 오리건 사막을 하염없이 헤매고 있다.[9] 로드무비 형식이 자주 차용되지만 장르의 규범은 지켜지지 않는다. 레이카트 영화에서 길-떠남은 자유의 획득이나 억압으로부터의 해방이 아니다. '길'은 그저 떠돎의 장소이자 감속의 공간이다. 유랑은 끝나지 않는다. 사람들은 기약 없이 헤맨다. 문자적이고 비유적인 의미

모두에서, 그의 인물들은 길을 잃었다.[10] 이를 잘 보여주는 대표적인 작품이 〈웬디와 루시〉다.

<웬디와 루시>

길을 떠도는 여자가 있다. 이름은 웬디. 재난으로 집을 잃자 알래스카의 통조림 공장에 가서 일하겠다 마음을 먹고 길을 떠난 참이다. 유일한 친구는 반려견 루시. 자동차가 고장 나는 바람에 오리건주의 한 도시에 발이 묶였다.

낯선 곳에서 돈도 휴대폰도 없이 소요하던 웬디는 한 식료품 가게에서 루시의 사료를 훔치려다 적발된다. 유치장에 갇혀 있다가 나온 사이, 가게 밖에 묶어놓았던 루시가 실종되어버린다. 필사적으로 루시를 찾아 헤매던 웬디는 동물보호소를 통해 어느 친절한 노인이 개를 데리고 있음을 알게 된다. 몰래 찾아가보니, 루시는 넓은 정원에 홀로 앉아 있다. 반려견과의 애틋한 재회 후에 웬디는 고민에 빠진다. 루시를 데리고 갈 것인가, 아니면 저 노인에게 맡길 것인가? 마침내 자신의 유일한 친구를 거기 두고 떠나자고 결심한 후, 웬디는 알래스카행 화물차에 몸을 싣는다. 영화는 그렇게 끝난다.

영화의 배경이 된 소도시에는 지진, 폭동, 테러, 전쟁처럼 흔히 파국이라는 용어로 상상되는 그런 사건들이 전혀 일어나지 않는다. 굳이 찾아보자면 차가 고장 난 것, 사료를 훔치려다 유치장에 갇혔다가 풀려난 것, 루시가 잠시 실종된 것이 사건의 전부다. 앙드레 바쟁이 비토리오 데시카의 〈자전거 도둑〉(1948)에 대해 썼던 한 논평을 빌려 말하자면, 이 영화에는 "신문 사회면 기사의 재료조차도 없다."[11]

하지만 도시 이곳저곳을 배회하는 웬디를 카메라가 따라갈 때, 마치 음화에 찍힌 이미지들이 인화액에 반응하며 드러나듯, 도시의 실질적 사회 상태들이 가시화된다. 거기에는 국가도 사회도 커뮤니티도 없다. 경찰서의 지문 기계는 고장 났고, 차량 정비소도, 실종 동물 보호소도 닫혀 있다. 황량한 거리에는 쓰레기를 주워 파는 자들이 배회한다. 도시를 공적 공간으로 만들어주는 원리에 손상이 가해진 듯하고 해체의 분위기가 만연해 있다. 파국은 사건이 아닌 과정으로, 예외가 아닌 정상적 사태로, 자각되는 사실이 아닌 일종의 무드처럼 도시 전체에 분자적으로 스며 있다.

배회하는 웬디는 프레카리아트이자 사회적 연결망이 모두 끊어진 외로운 낙오자다. 그가 길에서 스쳐 가는 인물들(넝마주이나 망상에 사로잡혀 웬디를 위협하는 폭력적 홈리스)도 다들 배회자, 실패자, 떠돌이다. 이처럼 레이카트의 카메라가 포착하는 21세기 미국 민중은 노동자 계급이 아니라 도시의 부랑아다. 이들에게는 존재를 정박시킬 '사회적인 것the social'이 결여되어 있다. 이들의 떠돎에는 희망도 전망도 없다. 떠돌면서 서서히 파괴되어갈 뿐이다. 홍수로 집을 잃고, 자동차를 잃고, 루시도 잃어버린 웬디가 알래스카로 떠나는 마지막 장면은 말할 수 없이 착잡하고 서글프다. 그것은 웬디가 상실한 모든 것의 무게 때문만도, 반려견과의 이별 때문만도 아니다. 관객들은 알고 있다. 더 나은 삶을 꿈꾸며 떠나는 웬디에게 사실은 어떤 아름다운 미래도 주어지지 않으리라는 것을. 영화는 우리에게 이를 시종일관 설득한다.

웬디에게 남은 것은 자신의 몸뚱이 하나와 그가 종종 흥얼거리는, 기원을 알 수 없는 평범한 멜로디 하나뿐이다. 이 흥얼거림은 웬디의 남루한 실존의 경계를 희미하게 표시한다. 하지만 웬디는 언젠가 저 최후의 소유물마저도 상실하게 될 것이다. 웬디의 모든 여정은 삭감과 소멸과 사라짐을 향한 이동이기 때문이다. 이런 점에서 보면, 웬디는 그저 빈곤한 자, 박탈된 자, 고통스러운 자가 아니다. 그렇게 말하는 것은 충분치 않아 보인다. 그 이상의 뭔가가 웬디에게 새겨져 있다. 지울 수도 없고, 제거할 수도 없는, 어떤 사악한 힘. 가령 우리가 불행이라 부르는 것. 레이카트의 느린 영화는 웬디의 '불행'을 응시하고 있는 것이 아닌가? 아! 불행이란 무엇인가? 시몬 베유는 이렇게 쓴다.

> 고통souffrance의 영역에서 불행malheur은 별개의 것, 특수하고 환원 불가능한 것이다. 불행은 단순한 고통과 전혀 다르다. 불행은 영혼을 사로잡고, 불행에만 고유한 노예의 낙인을 찍는다. [···] 불행은 삶의 뿌리뽑힘, 신체적 고통의 즉각적 감지 혹은 위

> 협적으로 영혼에 저항할 수 없이 다가오는 죽음의 다소간 약화된 등가물이다. […] 불행의 낙인이 찍힌 자는 기껏해야 제 영혼을 절반밖에 지키지 못할 것이다. 사람이 그런 일을 당하고 나면 반쯤 뭉개진 채 땅바닥에서 버둥대는 벌레와 비슷해진다. 그들은 자기에게 닥친 일을 말로 표현할 수 없다.[12]

불행은 의미화되지 못하는 고통이다. 불행 이후에 도래할 것으로 기대되는 행복과 냉혹하게 절연되어 있는 고통. 행복으로 결코 회수되지 못하는 고통. 그것이 불행이다. 이런 점에서 순교자는 불행하지 않다. 순교자는 불행의 끝에서 성스러움을, 구원을 보기 때문이다. 하지만 십자가에서 완전히 버림받은 예수는 불행했다. 자신의 죽음에 대해 어떤 의미도 생성시킬 수 없는 그 자리가 바로 불행의 자리다. 이런 이유로, 불행은 비극도 숭고도 아니다. 비극이나 숭고는 불행의 너머를 기약하고 예기豫期할 수 있는 강자들의 음흉한 책략이다. 불행한 자는 그저 '우스꽝스럽다.'[13] 그래서 더 비참하다. 불행한 자는 행위 능력(영혼)을 상실하고, 불행에 적셔져서, 바깥으로 탈출하려는 욕망조차 갖지 못한 채, "반쯤 뭉개진 채 땅바닥에서 버둥대는 벌레"처럼 꿈틀댈 뿐이다. 베유는 불행의 인간적 형상을 노예에서 찾는다. 노예-되기의 핵심은 바깥의 상실이다. 미래성의 상실, 가능성의 상실, 그리고 마비다.

켈리 레이카트 미학의 본령은 불행의 분석이다. 어떤 값싼 동정도 연민도 작용할 수 없는 지점에 불행의 형상을 고립시킨 채, 그것을 천천히 관조하는 것. 냉정하고 차갑지만 집요한 시선을 통해 불행의 생리를 드러내는 것. 그의 카메라를 통해서 비로소 불행한 인간의 참된 모습이 우리의 눈앞에 적나라하게 나타난다. 즉 불행한 자는 저항, 투쟁, 대안을 추구하는 적극적 행위자가 아니다. 그들은 자신을 둘러싼 세계의 파국을 간파하지 못한 채 그 힘에 예속되어 있다. 자신의 불행을 자각하지도, 표현하지도, 항의하지도 못한 채 그저 견디고 있다. 이것이 바로 레이카트의 느린 영화가 보여주는 21세기 미국 민중의 '실재'다.

21세기 리얼리즘

레이카트가 1996년에 선보인 첫 작품 〈초원의 강〉은 주인공 코지의 욕망을 추적하는 "심리적 리얼리즘"의 특징을 선명하게 띠고 있었다.[14] 영화는 불규칙한 선을 그리며 일상을 탈주해나가는 코지의 심적 운동을 착실히 추적한다. 그런데 2006년의 〈올드 조이〉부터 레이카트는 한 개인의 심리적 궤적이 아니라 시대적, 사회적인 리얼리티를 작품에 담아내기 시작했다.

흥미롭게도 이런 전환은 미국 사회의 변동과 맥을 같이한다. 첫 작품(1996년)과 두번째 작품(2006년) 사이의 약 10년 동안 미국은 조지 W. 부시의 대통령 당선(2000년), 9.11

테러(2001년), 이라크 전쟁(2003년), 허리케인 카트리나(2005년) 같은 사건들을 겪었다. 이러한 과정을 통해서, 미국 사회는 1990년대의 자유주의적이고 낙관적인 풍조를 상실한다. 그리고 정치적 보수화, 신자유주의적 양극화, 그리고 사회경제적 불평등의 심화를 체험한다. 레이카트는 이런 퇴행에 좌절감과 우울감을 느꼈으며,[15] 2000년대 중반부터는 본격적으로 당대 민중의 불안정성을 비판적으로 파고들기 시작했다. 바로 이런 이유로, 레이카트는 이탈리아 네오리얼리즘을 21세기 미국을 배경으로 업그레이드했다는 평가를 받게 되었으며,[16] "네오-네오리얼리스트"라는 별칭을 얻었다.[17]

잘 알려진 것처럼, 현대 영화는 20세기 중반의 이탈리아 네오리얼리즘에서 시작된다. 그 사조의 새로움을 '시간'의 관점에서 날카롭게 간파한 인물이 바쟁이다. 그는 비토리오 데시카의 〈움베르토 D.〉(1952)에 나오는 다음의 짧은 시퀀스에서 영화사적 변화의 결정적 징후를 포착한다.[18]

장면인즉, 침대에 한 젊은 여성이 누워 있다. 하녀 마리아다. 그녀는 느긋하게 누워 천장의 철망 위로 고양이가 지나가는 것을 보면서 깨어난다. 피로한 듯 손으로 얼굴을 감싸쥔다. 부엌으로 걸어간다. 벽에 성냥을 그어 가스 불을 켜고 물을 끓인다. 기어다니는 개미들을 보고 손으로 물을 튀기기도 한다. 창밖에서 무언가를 발견한 듯 창 쪽으로 다가가 하릴없이 풍경을 바라본다. 그러다 손으로 배를 쓸어내리며 찔끔 눈물을 흘린다(마리아는 지금 임신 중이다). 도무지 무슨 생각을 하고 있는지 알 수 없는 표정으로 몽상에 빠지고, 다시 깨어나 커피콩을 간다. 식탁 의자에 비스듬히 앉아 발만 뻗어 열려 있던 방문을 닫는다. 초인종이 울리자 그제야 마리아는 부엌을 나간다.

얼핏 보면, 이 장면들은 통일되지 않은 행동들의 무질서한 연쇄에 불과해 보인다. 하녀가 저런 행위를 하는 이유에 대한 특별한 설명이 주어지지 않은 채, 그저 산만하고 파편적인 행동의 흐름이 이어지고 있기 때문이다. 그러나 사실 데시카가 보여주는 것은 '마리아가 아침을 준비했다'라는 하나의 문장으로 환원되지 않는, 무의미해 보이지만 우리 삶의 실재를 구성하는 수많은 미시-행위들, 그리고 거기 흐르는 시간 그 자체다. 바쟁이 간파했듯이, 데시카의 카메라가 지금 포착하고 있는 것은 베르그송적 의미의 지속durée이다.[19]

네오리얼리즘의 이러한 새로움은 미국 고전 리얼리즘 영화와의 비교 속에서 더욱 명확해진다. 그리피스, 존 포드, 엘리아 카잔, 세실 드밀, 킹 비더 같은 감독들의 영화에서 우리가 보는 것은 강력한 행위들의 폭발이다. "환경과의 결투, 타인들과의 결투, 자신과의 결투," 서부 개척, 모험과 범죄[20]가 그것이다. 이들 행위는 국가 창설, 질서 회복, 프런티어 정복 같은 역사철학적 목적과 긴밀히 연동되어 있다. 시간도 이에 조응하여 연대기적으로, 변증법적으로 흐른다.

미국 고전 영화는 이처럼 시간, 행위, 운동, 환경의 유기적 총체성을 기반으로 하고 있었던 것이다.[21]

그런데 이탈리아 네오리얼리즘은 저 총체성의 와해, 즉 "행동-이미지의 붕괴"와 더불어 시작된다.[22] 영화에 등장하는 인간 신체의 변화가 이를 역설한다. 가령 고전 리얼리즘의 지배적 몸은 노동하고, 추격하고, 도망치고, 말달리고, 총 쏘는 몸이었다. 하지만 네오리얼리즘 영화에는 그런 적극적이고 활동적인 육체는 나타나지 않는다. 대신 시간의 흐름에 적셔진 듯 피로에 잠식된 채 서성거리며 세상을 바라보는 새로운 몸이 등장한다. 앞서 언급한 것처럼, 하녀 마리아는 고전 리얼리즘과 사뭇 다른 "신체의 능력, 태도, 자세"[23]를 보여주고 있다. 그의 몸짓들은 지극히 사소하고 일상적이고 진부하다. 그것은 행위자가 아니라 견자見者의 신체다.[24]

이런 점에서 마리아의 하릴없는 육신은, 로셀리니의 〈독일영년〉(1948)에서 부친을 독살하고 베를린 폐허를 한가로이 헤매다 부서진 건물에서 장난치듯 투신자살하는 소년 에드문트의 몸과 동일한 신체성을 보여준다. 또한 안토니오니 영화에 나오는 모니카 비티의 나른하고, 유희적이고, 불안하고, 에로틱하며, 어둠과 빛 사이를 끊임없이 배회하는 몸 역시 이 계열에 속한다. 이탈리아 도시를 소요하던 저 피로한 몸들이 바로 레이카트 영화에 등장하는 민중 신체의 영화사적 기원인 것이다. 레이카트의 주인공들도 행위 능력을 결여하고 있고, 일상에 함몰되어 있으며, "피로, 권태,

피곤, 소진"에 사로잡혀 있다.[25]

그런데 양자 사이에는 유사성만큼이나 큰 차이들이 있다. 무엇보다 중요한 것은 시대적 차이이다. 네오리얼리즘이 태동한 20세기 중반과 레이카트 영화의 배경을 이루는 21세기 초반은 완전히 다른 시대다. 영화를 보는 순간 누구나 직관적으로 깨닫게 되듯, 네오리얼리스트들의 카메라에 포착된 도시의 폐허와 민중의 얼굴은 날것의 실재만이 줄 수 있는 격렬한 감흥을 준다. 하지만 아이러니하게도 바로 그 시기 유럽은 부흥과 발전의 시대를 열어가기 시작했다. 로셀리니나 데시카 영화에 포착된 폐허적 경관은 실제로는 빠르게 사라질 일시적이고 잠정적인 폐허였던 것이다. 하지만 이와 달리, 레이카트의 세계는 발전과 진보에 대한 기대가 종언을 고한 21세기 초반의 미국이다. 성장이 끝나고, 중산층도 경제적 번영도 안정된 삶도 끝났다. 레이카트의 인물들에게는 어떤 장밋빛 미래도 주어지지 않고 있다.

또 다른 중요한 차이는 리얼리티의 짜임 그 자체에서 찾을 수 있다. 네오리얼리즘이 주로 관심을 기울인 것은 '사회적' 리얼리티였다. 빈곤도, 고통도, 폭력도, 불의도, 광기도 인간과 인간 사이의 힘과 관계들에 집중되어 있었다. 그런데 레이카트의 영화에는 사회적 리얼리티를 넘어서는 '생태적' 실재가 포착되고 있다. 말하자면, 레이카트는 생태 파국에 대한 우려와 인류세의 도래에 대한 인식이 광범위하게 확산된 21세기의 리얼리스트인 것이다.

20세기 중반의 리얼리즘은 인간을, 생산관계에서 그가 차지하고 있는 위치(계급)라는 관점에서 바라보았다. 하지만 21세기의 인간은 '파괴관계'라 부를 수 있는 새로운 구조적 위치에 대한 고려 속에서 접근되어야 한다. 우리 시대의 생태 문제는 마르크스의 역사적 유물론을 전도시킨다. 물적 하부구조를 이루는 두 차원으로 여겨진 (산업적) 생산력과 생산관계는 이제 (생태적) 파괴력과 파괴관계로 대체된다. 이때 파괴력은 가이아Gaia가 스스로에게 가하는 반작용들(생태재난들)의 총체다. 파괴관계는 그런 파괴력의 다차원적 작용에 대항하는 방어막의 불평등한 배분 구조다. 즉 누군가는 더 파괴될 가능성이 있는 삶을 살고, 누군가는 더 안전한 곳에서, 더 많은 방어막의 혜택을 누리며 산다.

21세기 리얼리즘이 포착해야 하는 실재는 (국가와 사회를 넘어서) 행성의 물질적 얽힘(가이아) 수준에서 인간과 다수 생명체가 함께 겪고 있는 생태-존재론적 긴급상태인 것이다. 레이카트의 영화는 이런 생태적 리얼리티를 때로는 풍경으로, 때로는 행위로, 때로는 분위기로 포착한다. 예컨대, 〈믹의 지름길〉에서 사막은 그 자체로 서사를 이끌어가는 주인공이다.

황량한 대지와 메마른 공기, 관목 숲과 거친 바위들, 가시밭과 모래 먼지는 시종일관 그 안에서 길 잃은 사람들의 목적지를 교란시킨다. 영화에서 사막만큼 중요한 역할을 하는 또 다른 물질적 요소는 물〔水〕이다. 사막에는 물이 한 방울도 없다. 이주민들은 언제부턴가 정착지가 아니라 물을 찾아 헤매고 있다. 금〔金〕이 섞인 돌조각들이 지천으로 널린 노천 금광을 발견하지만, 식수가 떨어진 이들에게 금은 아무런 의미가 없다. 잠시의 기쁨을 뒤로한 채 이주민들은 노다지를 버리고 다시 물을 찾아 떠난다. 생존과 죽음의 갈림길을 물이 규정하고 있다. 물이 주권자다. 물이 주권자가 되는 파국적 상태를 사막이 극화하고 있다.

이런 점에서 〈믹의 지름길〉의 사막은 SF에 나오는 외계 행성이나 〈매드맥스〉(1979)의 무인 지대, 또는 벨라 타르의 〈토리노의 말〉(2012)이 그리는 초원 지대를 연상시킨다. 〈믹의 지름길〉이 "인류세 영화"로 불리는 이유가 여기에 있다.[26] 여기서 인류세 영화라는 지적은 중요한 함의를 갖는다. 왜냐하면 인류세 개념은 단순히 우리가 지금 생태 위기를 겪고 있다는 인식을 넘어서, 과거를 완전히 다른 시각으로 조망하도록 강제하기 때문이다. 즉 인류세의 관점에서 보면, 근대가 이룬 모든 찬란한 발전과 진보의 발걸음은 사실 파괴를 향한 전진이었던 것이다. 해방과 자유와 번영의 역사는 사실 오염과 파괴와 멸종의 역사였다. 이처럼 인류세는 우리의 역사 감각을 혼동에 빠뜨리며, 집합 기억을 재구조화할 것을 요구한다. 근대의 모든 번영 스토리는 파국으로 가는 길의 조립 과정이었다. 레이카트는 〈믹의 지름길〉에서 이런 시각을 미국의 역사에 투사한다. 그의 서부극은 미국의 기원에 대한 영웅 서사가 아니라 환경 쇠락의 기원을 추적하는 파국 서사다.

인류세 윤리

풍경을 통해 생태적 리얼리티를 스크린에 불러오는 〈믹의 지름길〉과 달리 〈나이트 무브〉는 좀더 직설적으로 기후 문제와 정면 대결한다. 영화에 나오는 세 주인공들(유기농 농장에서 일하는 조시, 스파에서 일하는 디나, 퇴역한 해병대 군인 하먼)은 환경에 무관심한 대중을 각성시킬 수 있는 가장 효과적인 수단이 테러라고 믿고 있다. 테러는 미디어를 통해 알려질 것이며, 그때 비로소 사람들은 환경을 '생각'하게 되리라는 것이다. 이들은 샌티엄강의 그린피터 댐을 폭파하기로 공모하고는 이를 감행한다.

영화는 댐을 폭파하기 위해 저들이 밟아가는 모든 과정을 차분히 추적한다. 하지만 감독의 시선이 집중되는 지점은 테러 행위 그 자체가 아니라(댐이 파괴되는 장면은 화면에 나타나지 않고 오직 음향으로만 처리된다), 생태적 실재가 주인공들과 관객들에게 가하는 윤리적 압력이다. 이를 예리하게 드러내는 한 장면이 있다. 조시와 디나는 생태주의자 모임에 참석한다. 거기서 다큐멘터리 한 편이 상영되고 이어 토론회가 열린다. 다큐멘터리는 환경 파괴와 멸종에 관한 재앙적 이미지들을 보여주면서 다음과 같은 해설을 들려준다.

> 우리가 보는 재난은 모든 곳에서 동시에 일어나고 있습니다. 시계가 째각이고 있어요. 산업화의 여명 이래 150년간 시계는 째각이고 있었습니다. 우리 문화는 이득, 생산 그리고 항상적인 성장에 중독되어 있습니다. 하지만 무엇을 대가로 그렇게 하지요? 재난은 우리 농토에 닥쳐옵니다. 우리의 대양에, 숲에, 야생동물들에게 닥쳐옵니다. 그것은 우리 기후에 닥쳐옵니다. 인류가 모든 것이 서로 연결되어 있다는 것을 깨닫기까지 얼마나 많은 시간이 걸릴까요? 죽은 행성에서는 다국적기업들이 이득을 낼 수 없다는 것을 이해하기까지 얼마나 많은 시간이 걸릴까요? 그러니까 지구 곳곳에서 혁명이 시작되어야 합니다. 개별적 시민들의 대군大軍이 일어나서 행동을 취해야 해요. 미래를 위해서, 민중을 위해서, 그리고 행성을 위해서.

질의응답 시간이 오자 디나가 감독에게 묻는다. 이런 상황에 우리는 무엇을 해야 하느냐고. 감독에겐 어떤 "큰 계획" 같은 것이 있느냐고. 디나는 아마도 자신들이 기획하고 있는 테러 행위를 정당화할 수 있는 이야기를 감독에게서 기대했을 것이다. 파국을 막기 위해 폭력 사용도 불사할 수 있다는 등의 이야기를. 하지만 감독은 이렇게 말한다. "'하나의 큰 계획'이라는 생각이 우리에게 자꾸 문제를 일으키는 것 같아요. 제 아이디어를 말하자면, 하나의 큰일이 있다고 생각하지 말자는 거예요. 저는 큰 계획에 집중하지 않고 작은 계획들에 집중해요. 수많은 작은 계획들 말이죠." 모호하고 맥 빠지는 이야기라고 느꼈는지, 대화를 경청하던 조시의 얼굴은 실망과 분노로 일그러진다.

위의 상황은 생태 문제에 대한 고민 어린 대화에서 흔히 나타나는 전형적 도식을 하나 보여준다. 그 한쪽 극에는 '시계가 째각이고 있다'라는 인식, 시간이 없다는 인식, 위급성과 절박성의 감각이 자리잡고 있다. 다른 쪽 끝에는 무언가 시급히 행해져야 한다는 판단, 시스템을 빨리 바꾸고 사람들도 변해야 한다는 주장, '지구 곳곳에서 혁명이 시작되어야 한다'라는 생각이 있다. 시간이 없다는 '사실'과 뭔가 행해져야 한다는 '당위,' 이 두 극단 사이에 광대한 공간이 펼쳐져 있다. 수많은 가능성과 불가능성, 기대와 좌절, 막연한 희망과 절망적 데이터가 그곳을 부유한다. 그리고 하나의 어려운 질문이 그곳을 가르지른다. 나는 무엇을 해야 하는가?

어려운 질문이다. 자본주의적 생산/파괴 시스템과 촘촘히 얽혀 있는 일상적 삶의 형식을 한순간에 바꾸는 것이 불가능함을 우리 모두 알고 있기 때문이다. 자동차를 버릴 수 있는가? 시스템 바깥으로 나가서 살 수 있는가? 자본주의적 삶이 아닌 다른 삶을 지금 당장 시작할 수 있는가? 이런 구체적 물음 앞에 서면 뭔가를 할 수 있다는 막연한 생각은 곧바로 위축된다. 반대로 희망을 가지고 조금씩 바꿔나가자는 해답은 파국의 임박성 앞에서 호소력을 상실한다. 혁명에 준하는 변화 없이 기후변화 문제를 해결하기 어렵다는 것은 자명한 사실이기 때문이다. 하지만 어떤 혁명인가? 자본주의에 대한 혁명인가? 탄소를 가장 많이 배출하는 국가들이나 반反환경 기업들에 대한 저항은 어떻게 수행되어야 하는가? 자기혁명인가? 레이카트는 관객들을 막다른 골목으로 몰아간다. 당신은 어떻게 할 것인가?

그는 명쾌한 입장을 제시하는 대신 관객 스스로 윤리적 난제를 응시하기를 바란다. 그런데 이 응시의 시선이 착잡하게 좌초하는 지점에 조시와 디나가 있다. 이들은 다른 어떤 사람들보다 더 진지하게, 더 진정성 있게 생태적 실재와 마주하고 있다고 믿지만, 그 믿음을 실천하는 과정에서 자기모순의 덫에 걸리고 만다.

생태주의자들의 모임이 끝나고 며칠이 지난 후, 조시와 디나는 테러에 사용할 요트를 사러 어디론가 이동하고 있다. 그러던 중, 어두운 도로 끝에 무언가 웅크리고 있는 것을 발견한다. 내려 보니 로드킬을 당한 사슴이다. 조시는 플래시 불빛으로 사슴을 살피고 배에 손을 대본다. 아직 온기가 남아 있다. 배 속에 새끼가 살아 있는 것이다. 이 짧은 순간, 그들 앞에는 추상적이지도, 모호하지도, 난해하지도 않은 갈림길 하나가 놓여진다. 움직이면, 새끼를 살릴 수도 있다. 외면하면, 새끼는 죽는다. 어떻게 해야 하는가? 앞선 모임에서 디나가 감독에게 던졌던 바로 그 질문이다.

조시의 선택은 후자였다. 그는 사슴의 사체를 밀어 도로 옆의 경사진 곳으로 쓸려 보내고는 다시 차를 몰아 떠난다. 부주의한 자동차에 의해 두번째 로드킬을 당하지 않게 하려는 작은 배려인 동시에 새끼의 죽음에 대한 방조였다. 동물의 목숨을 구하는 행위보다 테러가 훨씬 더 중요하다고 생각했던 것이다. 레이카트는 이 장면에서 윤리에 대한 매우 선명한 입장을 제시하고 있다. 그에 의하면, 윤리는 지금 여기의 문제다. 인류의 미래나 세계의 종말이 아니라, 눈앞의 타자에 대한 행위의 문제다. '나는 무엇을 해야 하는가'라는 질문은 오직 맥박이 뛰는 타자의 현존 속에서만, 타자와의 대면 속에서만, 구체적이고 명확한 상황 속에서만 대답될 수 있는 것이다. 타자가 나의 도움을 요청하는 순간, 그 순간이 윤리의 모든 것이다. 그것은 인류세 윤리도 마찬가지다.

기관 없는 희망

〈나이트 무브〉의 결말은 비관적이다. 자신들의 테러로 무고한 자가 죽음을 당했다는 사실을 알게 된 디나는 심리적으로 폭주한다. 디나를 제지하려다 조시는 그만 그녀를 살해한다. 현장을 떠나 헤매던 조시는 우연히 들른 쇼핑몰을 둘러보다가 그곳에 점원으로 취직한다. 자신이 부수고자 했던 시스템에 맥없이 편입되고 마는 것이다. 테러는 성공했지만 아무것도 바뀌지 않았다. 레이카트 영화에는 위로도, 호도糊塗도, 환상도 없다. 세계는 무너지고 약자들은 불행하다. 도주로는 막혔고 미래는 증발했다. 그게 전부다. 코지도, 웬디도, 커트도 벗어나지 못한다. 빈곤의 바깥, 불행의 바깥, 쇠락의 바깥, 그리고 인류세의 바깥으로 가는 출구를 찾지 못한다. 그렇다면 희망은 어디에 있는가?

우리가 그의 영화에서 희망을 찾을 수 있다면, 그것은 확실한 메시지나 사상이 아니라 마치 우연히 카메라에 찍힌 듯이 덧없이 나타났다 휙 지나가는 어떤 이미지들이 주는 희미한 감응의 형태를 띤다. 나는 이를 '기관 없는 희망'이라 부르고자 한다. 기관 없는 희망은 들뢰즈와 과타리의 '기관 없는 신체' 개념을 변형시킨 조어다.

기관 없는 신체는 "유기적 결정화 이전의 신체, 기관들이 아직 확정되지 않은 신체, 분화 중인 신체"를 가리킨다.[27] 비유컨대 그것은 알〔卵〕과 같다. 알에는 기관도 조직도 유기체도 없다. 대신 강렬도, 기울기, 문턱, 힘의 파동만이 그것을 가로지른다.[28] 기관들은 없지만 강도 높은 생명력이 그 안에 있다. 여기서 강조점은 '기관-없음'에 놓인다. 우리가 흔히 생각하는 것과 달리, 생명은 기관이나 기능으로 환원되지 않는다. 들뢰즈는 생명과 기관(유기체)을 대립시킨다. "유기체는 오히려 생명이 스스로를 제한하기 위해 자기와 대립시키는 존재이며, 생명은 비유기적일 때 더욱 강렬하고 더 강력한 법이다."[29] 기관들로 조직되지 않는 더 야생적인 생명력이 있다. 비-유기체적이고, 비-기능적인 역량. 혹은, "비-유기적 생명vie non-organique."[30]

'기관-없음'에 대한 감각은 바로 이러한 역량에 대한 감각이다. 이를 최대치로 끌어 올리는 사유와 창조의 형식을 들뢰즈는 예술과 문학에서 발견한다. 예컨대, 강력한 회화는 '기관 없는 이미지'를 창조한다. 형상이 뭉개지고 윤곽이 흩어져 이미지 고유의 식별과 지시 기능을 상실한 프랜시스 베이컨의 그림이 발휘하는 힘이 그런 것이다.[31] 이미지는 기관을 상실했지만 그 전달력과 표현력은 더 강렬해졌다. 또한 탁월한 문학은 '기관 없는 언어,' 즉 소통과 전달 기능에서 벗어나 의미작용으로 지층화되기 이전의 역량을 회복한 언어를 창조한다. 들뢰즈가 『비평과 진단』에서 다루는 아르토, 베케트, 루이스 캐럴, 카프카, 자리Alfred Jarry 등의 공통점이 바로 이것이다.[32]

동일한 논리로 우리는 '기관 없는 희망'을 이야기할 수 있다. 그것은 희망의 통상적 기능(기관)인 미래의 전망, 긍정, 계획, 약속이 결여된 역설적 희망, 기대도 확신도 주지 못하는 무능력한 희망, 합리적 근거나 계산된 가능성이 삭제된 희망이다. 프로그램도 청사진도 없는 미래를 향한 통제할 수 없는 충동이다. 기관 없는 신체가 죽음에 근접하듯이 기관 없는 희망은 절망에 근접한다.

레이카트의 영화에는 기관 없는 희망의 모멘트들이 있다. 그것이 '희망'이라 불릴 수 있는 것은 세계의 파국과 삶의 불행에서 벗어날 희미한 가능성이 시사되고 있기 때문이다. 하지만 '기관이 없다'고 말해져야 하는 이유는 그 가능성에 레이카트가 어떤 실체도, 의미도, 서사도, 설명도, 가치도 부여하지 않기 때문이다. 남는 것은, 순간 우리 마음을 눈부시게 비추고 환각처럼 사라져버리는 무상한 이미지뿐이다. 전망 없는 세계에 불현듯 나타났다가 흔적도, 약속도, 미련도 없이 사라지는, 불타는 떨기나무 같은 이미지. 그런 특이성의 순간들이 소화되지 않는 뼛조각처럼, 지울 수 없는 얼룩처럼 레이카트의 영화에 잔존한다.

가령 웬디가 알래스카로 떠나기 전에 주차장을 지키는 늙은 경비원이 소녀의 손에 쥐여주는, 꼬깃꼬깃 구겨진 지폐 두 장. 이유도 대가도 없이 베풀어진 허름한 선물. 저 6달러로는 웬디의 인생에서 아무것도 바꿀 수 없다. 그럼에도 저 증여가 일어나는 세계와 그런 일이 결코 일어나지 않는 세계는 결코 동일한 세계가 아니다.

〈어떤 여자들〉에서 가난한 목장 노동자 제이미가 마음속으로 좋아하는 엘리자베스를 위해 키우던 말을 끌고 오는 장면. 두 젊은 여성이 말을 타고 차들이 질주하는 아스팔트를 걸어 식당으로 가던 장면. 이들의 연애는 시작조차 되지 못했지만, 검은 밤을 가로질러 함께 막막한 도로를 말 타고 걸어가는 저 짧은 시간 속에는 무엇으로도 삭제할 수 없는 아름다움이 깃들어 있다.

〈믹의 지름길〉에서 물을 찾던 이주민들이 인디언을 따라 협곡을 건너갔을 때, 그들은 무엇을 발견했는가? 간신히 고개를 넘은 저들 앞에 나타난 것은 한 그루의 나무. 꼭대기부터 중간까지는 죽어가고 있지만 중간부터 아래까지 푸른 이파리들이 살아 있는 나무였다. 나무 한 그루를 보았다고 사막에서 벗어날 수 있는 것은 아니다. 하지만 거기에는 어떤 신기루 같은 희망이 빛을 발한다. 나무가 있다면 물이 어딘가 있을 '수'도 있다. 영화는 이주민들이 사막에서 벗어날지 아니면 거기서 모두 죽음을 맞이할지 끝끝내 보여주지 않는다. 하지만 이들의 여정에 은총처럼 나타난 나무의 이미지는 놀라운 에피파니로 관객의 마음을 흔든다.

〈퍼스트 카우〉에서도 우리는 기관 없는 희망을 본다. 영화의 두 주인공은 서부극에 가장 어울리지 않는 두 남성들. 의기투합하여 같은 오두막에 거주하게 된 요리사 쿠키와 중국인 킹-루가 그들이다. 이들이 감행하는 최대치의 모험은 (전투도 결투도 아닌) 마을 유력자가 멀리서 데려온 암소의 젖을 훔쳐 과자를 구워 파는 일이다. 황량한 서부에서 과자 장사는 성황을 이루지만, 결국 암소 주인에게 절도 행각을 들킨 이들은 돈을 챙겨 숲으로 황급히 도주한다. 이 와중에 쿠키가 추격자들의 공격을 받아 치명적 상처를 입는다. 둘은 곧 붙잡힐 위험에 처한다.

킹-루는 쿠키를 버려두고 혼자 삶을 도모할 수도 있다. 그는 자기 목에 건 돈주머니를 힐끗 바라본다. 각자도생의 서부. 그도 살아야 한다. 하지만 킹-루는 나무 밑에 쓰러져 잠든 쿠키의 옆에 같이 눕는다. 그렇게 영화는 끝난다. 이들은 어떻게 되었을까? 관객은 그들의 운명을 이미 알고 있다. 영화는 19세기 초반의 서부가 아니라 21세기의 같은 장소를 비추면서 시작했기 때문이다. 개를 데리고 산책하던 여성이 개가 킁킁대며 헤집어놓은 땅바닥 아래에서 유골을 발견하는 것이다. 좀더 파보니 두 구의 해골이 나란히 누워 있다. 쿠키와 킹-루는 그렇게 피살되어 그 자리에 묻혔던 것이다.

킹-루는 쿠키를 배신하지 않았다. 그렇게나 간절히 소망했던 샌프란시스코의 호텔업도 중국 광둥과의 무역도 다 포기한 채, 상처를 입은 친구 쿠키를 지키다가 함께 묻혀 그렇게 해골이 되었다. 레이카트는 무심하게 이야기한다. 우정은 언제나 그런 것은 아니지만 아주 간혹 죽음을 초월할 수 있다. 그의 영화는 그 이상을 넘어서 무언가를 더 말하지 않는다. 우정을 찬양하지도 미화하지도 않는다. 레이카트가 보여주는 희망은 함께 누워 있는 백골白骨의 희망이다. 마치 그 하얀 백골이 영화가 이 세상의 선善에 대해, 그리고 희망에 대해 우리가 말할 수 있는 최대치라는 듯.

#

<올드 조이>의 한 장면.

영화의 주인공인 오랜 친구 커트와 마크는

깊은 숲의 노천 온천을 찾는다(이들이 동성 친구인지 아니면

연인 관계였는지 영화는 명시하고 있지 않다).

숲으로 걸어 들어가 개울을 건너 도착한 온천.

나무로 만든 허름한 욕탕들이 있고, 거기 물이 고여 흐르고 있다.

탕에 벌거벗고 누운 두 친구.

맥주도 한 모금 하고 담배도 피우고, 말없이 물에 잠긴다.

함께 데리고 간 개는 신이 나서 숲을 헤매고 다닌다.

#

카메라는 숲속 노천 온천의 모든 구석에서 흘러내리는
맑은 물줄기들을 비춘다. 떨어지는 물, 흐르는 물,
방울방울 맺힌 수증기와 증기.
화면은 물 흐르는 소리로 온통 충만해 있다.
어젯밤 야영을 하면서,
마크는 커트에게 이렇게 말했었다.

#

“우주 전체는 허공을 뚫고 떨어져 내리는
한 방울의 눈물 모양을 하고 있어.
그 눈물은 지금도 영영 떨어져 내리고 있는 거야.
그것은 결코 멈추지 않아.”

#

마크의 저 사변적인 말들이 온천에서는 하나의 시각적 현실이
되어 나타나고 있다. 누워 있는 두 남자의 몸도 물방울.
나무들도 녹색의 물방울. 이끼 위를 기어가는 달팽이도,
후두둑 날아가는 새도 물방울이다.
화면도 젖어 있고 물소리도 젖어 있다.
존재하는 모든 것들은 살아 있는 눈물처럼 영롱하고,
중력에 휘어 어디론가 천천히 떨어져 내리고 있다.
마크는 커트의 목을 손으로 정성껏 풀어준다.
엑스터시에 빠진 표정으로 욕조에 누워 허공을 바라보는
커트의 눈동자를 카메라는 비춘다.

#

저 엑스터시 속에서 눈동자를 가진 것은 인간만이 아니다.
셀 수 없이 많은 물방울들이 각자의 자리에서 눈을 뜬다.
그 눈들로, 눈들에게 부여된 모든 각도로,
모든 상이한 시각으로 무수한 물방울들이 세상을 보고 있다.
고사리가 관조하는 숲과 이끼들이 관조하는 숲, 흐르는 물이
자신에게 허용된 속도 속에서 바라보는 푸른 하늘.
레이카트의 카메라는 만물이 만물을 관조하는
이 시선들의 얽힘을 우리의 눈까지 데리고 온다.
이런 놀라운 영화적 순간들이 있다.

#

물방울들에게 희망이란 무엇일까?

그것은 인간이 표상하는 희망을 닮아 있을까?

전율적일 정도로 아름다운 숲에서의 이 시간도

두 친구의 갈라진 우정을(혹은 사랑을) 다시 회복시키지 못한다.

그들은 서로 각자의 삶 속으로 외롭게 헤어져,

외롭게 다시 각자의 삶을 살게 된다.

하지만 관객들은

저 영화적 순간에 잠시 빛을 발하고 이내 사라져버린

기관 없는 희망의 기억을 결코

잊지 못할 것이다.

6장

유머의 영성

코엔 형제와 아키 카우리스마키

"아주 어린 시절부터 무덤에 이르기까지 모든 인간 존재의 마음속 깊은 곳엔, 그가 보고 겪고 고통당한 모든 피해의 경험에도 불구하고, 사람들이 그에게 악惡이 아니라 선善을 행하기를 굴하지 않고 기다리는 무엇이 있습니다. 모든 사람에게서 성스러운 건 다른 어떤 게 아니라 바로 이것입니다."[1]

오 나의 랍비여!

코엔 형제의 〈시리어스 맨〉(2010)은 1960년대 미국의 한 유대인 공동체에 사는 물리학 교수의 이야기다. 래리 고프닉. 칠판 가득 수학 방정식을 풀어가며 양자역학을 강의하는 그는 선량하고 평범한 중년 남자다. 제목이 알려주듯, 무척 진지한 사람이기도 하다. 그런데 평온해 보이던 그의 일상이 갑자기 닥쳐온 문제들에 의해 흔들리기 시작한다.

가령 정년 보장 심사를 앞두고 자신을 음해하는 익명의 투서가 날아오는가 하면, 수업을 듣던 한국인 유학생은 시험 성적을 올려달라 떼를 쓰더니, 급기야 뇌물용 돈봉투를 슬그머니 놓고 간다. 머지않아 유대교 성년식을 치러야 하는 아들은 마리화나에 손을 대고, 댄스홀에 다니는 딸은 반대를 무릅쓰고 코를 성형하겠다고 고집을 피운다. 집에는 무직자 동생이 기숙하고 있는데, 도박과 성호객 행위로 경찰에 체포된다. 폭력적이고 신경질적인 이웃 남자는 래리의 정원에 함부로 침범하고, 안테나는 고장 났고, 통장은 비었다. 설상가상, 아내는 래리의 한 친구와 사랑에 빠져 이혼을 요구해온다. 결국 그는 집에서 쫓겨나 동네 허름한 모텔로 거처를 옮긴다. 이처럼 정신없는 상황을 견디다 못한 그는 랍비들을 찾아간다.

첫번째 만난 주니어 랍비 스콧은 래리의 이야기를 듣더니, 대뜸 세상을 보는 시각을 바꾸라고 조언한다. 래리는 항변한다. 자신이 비뚤어진 게 아니라 지금 너무나 황당한 일들이 한꺼번에 일어나고 있지 않느냐고. 랍비는 그게 인생이라고, 받아들여야 한다고 충고한다. 그러고는 뜬금없이 사무실 밖의 주차장을 바라보라 권한다. 차들이 드문드문 오가는 저 평범한 주차장에도 신이 있다고. 우리가 사는 세상은 섭리로 가득하다고. 시각을 바꾸면 세상의 섭리를 깨닫게 된다고. 래리는 내심 저 젊은 랍비가 아직 인생 경험이 없어 저렇게 원론적인 조언을 하고 있다고 생각한다.

두번째로 만난 랍비 나흐트너는 좀더 고수다. 그는 예전에 상담을 했던 한 치과의사 이야기를 들려준다. 그 의사는 우연히 환자의 앞니 안쪽에서 이상한 글자들을 발견했다고 한다. "도와주세요, 살려주세요"라는 히브리어 단어들이 새겨져 있었던 것이다. 놀란 치과의사는 고민에 빠졌다. 밥도 못 먹고 잠도 설친다. 도대체 누구를, 왜, 어떻게 도우라는 것인가? 신은 자신에게 무엇을 이야기하고 있는가? 그래서 치과의사는 랍비 나흐트너를 찾아와 글자들의 '의미'를 물었다는 것이다.

그런데, 이야기가 바로 이 대목에 이르렀을 때 갑자기 랍비 나흐트너는 딴청을 피우기 시작한다. 글자들의 의미가 무엇인지 알고 싶어 래리가 해답을 재촉하자, 그제야 못 이기는 척 심드렁한 어조로 랍비는 대답한다. 그게 뭐 중요하냐고. 글자의 의미는 아무도 모른다고. 하지만 남을 돕는 게 나쁠 건 없지 않냐고. 이어서 말하기를, 래리의 곤경에 신의 '뜻' 같은 것은 없다고. 만일 그런 것이 있다 한들 우리는 결코 그게 뭔지 알 수 없다고. 그냥 잘 먹고 잘 자는 것이 중요하다고…

원하는 해답을 찾지 못했다고 느낀 래리는 드디어 유대인 공동체에서 큰 존경을 받는 랍비 마샥을 찾아간다. 한데 그는 바쁘다는 핑계로 아예 래리를 만나주지도 않는다. 사실 마샥은 성인들은 만나지 않고, 오직 아이들만을 면담하기로 방침을 정해놓은 참이었다. 마샥이 상담을 하는 장면은 영화 후반부에 살짝 등장한다. 성년식을 마친 래리의 아들과 만나는 장면이다.

어두운 서재 깊숙한 곳에 랍비가 웅크린 채 앉아 있다. 소년은 쭈뼛거리며 다가간다. 랍비는 노쇠한 목소리로 소년에게 묻는다. "진실이 거짓으로 밝혀지고 모든 희망이 사라져버리면 어떻게 해야 하는가?" 무슨 깊은 비의秘義을 담은 종교적 잠언인가? 토라의 한 구절인가? 그런데 래리의 아들은 뭔가 알아들은 듯한 표정으로 미소를 띠고 있다. 저 말은 사실, 사고뭉치 소년이 수업시간에 압수당한 카세트테이프에서 돌아가던 제퍼슨 에어플레인의 노래 〈섬바디 투 러브Somebody to Love〉의 가사였다. 마샤은 소년에게 카세트를 돌려주며 짧은 덕담을 하나 던진다. "착하게 살아라, 애야."

그건 아무것도 아니야

〈시리어스 맨〉의 주인공은 래리가 아니라 문제들이다. 서사의 주권은 문제들에게 양도되어 있다. 문제가 인간을 칭칭 휘감고, 삼키고, 그의 행로를 결정하고, 그에게 의미를 묻게 하고, 그를 미궁에 빠뜨리거나 거꾸러뜨리거나 성장시킨다. 영화가 그리는 문제들은 생물처럼 역동적이고 복잡하여 예측할 수 없다. 특정 문제는 다른 문제와 연결되어 증식, 공생, 소멸한다. 인간은 문제들이 이루는 생태계의 한 구성요소에 불과하다. 문제라는 것의 정체는 심지어 양자역학에 정통한 물리학자도 파악하지 못한다. 왜 나에게 이런 문제가 발생했는가? 이 질문에 대한 해답도, 의미도 딱히 없다. 문제 스스로 소멸할 때까지 겪어내는 수밖에는 없다.

실제로, 래리의 문제들은 거의 저절로 풀려나간다. 아내와 연애하던 친구는 교통사고로 절명한다. 노심초사하던 정년 보장 심사는 잘 해결됐고, 아들도 성년식을 치렀다. 사고를 친 동생의 변호사 비용은 한국인 유학생이 던져 놓고 간 돈으로 충당되었다. 거의 모든 문제가, 마치 우연이나 섭리에 의한 것처럼, 슬그머니 해결되어버린다.

그런데 영화가 이렇게 끝나갈 무렵 코엔 형제의 카운터펀치가 날아든다. 거대한 허리케인이 마을에 다가오고 있었던 것이다. 학교에 비상벨이 울리고 대피 명령이 떨어져 아이들이 어수선하게 교실 밖으로 몰려 나갈 때, 하늘을 뒤덮은 채 마치 세상을 모두 휩쓸어가려는 듯 새까만 폭풍이 몰려온다. 이제까지의 문제들은 가히 문제도 아니었으며, 비로소 진정한 문제가 시작된다는 듯. 바로 그 순간 래리도 병원에서 전화를 한 통 받는다. 건강 검진 결과가 나왔으니 내원해달라는 메시지다. 뭔가 좋지 않은 것이 발견되었다는 암시와 함께.

말하자면, 래리의 문제들은 해결되고 있던 것이 아니라 다른 문제들로 대체되고 있었던 것이다. 사실, 우리 삶의 많은 문제들은 '해결'된다기보다는 그것의 심각성을 사소한 것으로 보이게 만드는 더 큰 문제들이 닥쳐오면서 '망각'되곤 하지 않던가? 코엔 형제는 자신들의 철학을 전면화하고 있다. 즉, 문제는 우리를 영원히 떠나지 않으며, 어느 누구도 문제의 외부로 나갈 수 없다. 새로 다가오는 문제는 불길하고 무시무시해 보이지만, (이미 지나간 모든 문제들이 그러했듯) 언젠가 슬그머니 소멸할 것이다. 〈시리어스 맨〉은 말한다. 문제가 인간의 불가피한 존재 조건임을 깨닫고 나면,

좋은 삶을 사는 방법은 생각보다 간단하다. 랍비들이 충고하듯 이렇게 생각해야 한다. '그건 아무것도 아니야.' 너무 진지하게 생각하지 마. 인생은 문제들의 영겁회귀야. 끝없이 밀려오는 문제들을 그냥 살아내라고. 이 내재적 세계의, 생성의 영원함을 믿으라고.

이런 지혜는 사실 승자의 것이 아니라 패자나 약자의 것이다. 이들에게 파국은 예외가 아니라 일상이다.[2] 약자의 입장에서 보면, 파국 이후에는 (번영이 아니라) 또 다른 파국이 온다. 그들이 반복되는 역사와 인생의 고난을 통해 배운 교훈은 이것이다. 그들은 문제 속에서 '성장'하는 것이 아니라, 그저 '헐벗을' 뿐이다. 더 강해지거나 위대해지는 것이 아니라, 약해지고 부서지고 다치고 고장 난다. 약자들에게 문제는 기회가 아니라 위험이다. 생존의 위험, 파멸의 위험, 상처의 위험. 이런 위험들에 던져진 채 그들은 '구원 가능성'을 찾기 위해 사투를 벌인다. 구원 가능성은 밝은 미래에의 낙관이 아니라 그런 낙관이 불가능할 때 솟아나는 부조리한 희망이다.

마음속에서 뭔가가 내려놓아질 때, 꽉 차 있던 존재에 텅 빈 자리가 만들어질 때, 그때 비로소 내려오는 빛이나 숨결 같은 것. 작고 미약한 은총의 힘. 패자들, 약자들, 떠도는 자들은 안다. 긍정적인 자들이 그리는 장밋빛 미래는 허구라는 것을. 행복한 종합으로 귀결되는 변증법은 가진 자들의 오만이라는 사실을. 삶은 파국이며, 그 밖으로 가는 기적적

출구 같은 것은 없다는 것을. 이런 순수한 내재성을 살아내는 자들만이 "그건 아무것도 아니야"라고 말할 수 있다. 슬픔과 웃음이라는 만날 수 없는 두 평행선이 어딘가에서 교차할 때, 유머는 거기서 탄생한다. 유머란 무엇인가?

유머의 영성

앙드레 브르통이 1939년에 펴낸 『블랙유머 선집』에는 유머의 본질을 보여주는 일화가 하나 나온다. 시인이자 살인자였고 후일 초현실주의자들에 의해서 재발견되는 라스네르Pierre-François Lacenaire는 1836년 1월 9일에 참수되었는데, 단두대로 걸어 올라가면서 이렇게 말했다고 한다. "길을 잘못 들어 죽음에 이르는구먼. 계단을 걸어서 죽음까지 올라가네."[3]

이 말이 유머러스하게 느껴지는 까닭은 상황의 절박함과 대비되는 사형수의 무사태평함 때문이다. 그는 자신이 처형되는 절체절명의 순간을, 불운이나 실수를 통해 어쩌다 '이르게 된' 우발적 상황처럼 이야기하고 있다. 곧 목이 잘릴 인간이, 마치 술집이나 담배 가게에 가려다 잘못 접어든 길로 단두대에 도달한 것처럼 자신의 운명에 대해 대수롭지 않게 말할 때, 우리는 연민의 감정을 초과하는 유머의 무드에 사로잡히게 된다. 실제로 많은 유머들이 처형 상황을 배경으로 한다.

가령 1905년의 『농담과 무의식의 관계』에서 프로이트는 두 명의 '유머리스트' 사형수 이야기를 제시한다. 첫번째 실례는 월요일에 교수대로 끌려가던 도둑이 "야, 이번 주는 시작이 좋군"이라 말하는 경우다. 두번째 실례는 "처형장으로 가는 도중 감기 들지 않도록 목에 두를 머플러를 달라고 요청하는" 사형수다.[4] 유머란 이런 것이다. 유머를 말하는 자는 "현실적인 이유들 때문에 마음 상하고 고통받기를 거부하며 외부 세계로부터의 외상外傷이 자신에게는 문제가 될 수 없다고 주장"하는 일종의 '정신승리적' 주체다. 유머를 통해 주체는 "자아의 불가침성"을 만방에 천명한다.[5]

프로이트의 1923년 논문 「유머」에는 유머리스트의 주체성에 대해 좀더 상세한 분석이 실려 있다. 그에 의하면, 유머리스트의 자아는 두 상이한 심급으로 쪼개져 있다. 한편에는 문제적 상황에 처해 있는(곧 사형을 당하게 되어 있는) 자아가 있다. 그러나 다른 한편에는 이 자아를 굽어보면서 마치 자신에게는 결코 죽음이 도래하지 않을 듯이 말하는 또 다른 자아가 있다. 프로이트는 이 두번째 자아가 사실은 '초자아超自我'라고 본다. 어린아이의 눈에 비친 '위대한' 부모의 이미지를 모델로 형성된 초자아는 자아가 마주하고 있는 리얼리티의 위중함 따위는 손쉽게 부정한다(성인의 눈에 아이들의 문제가 대수롭지 않게 보이는 것과 같은 이치다).

프로이트는 말한다. 유머란 초자아가 자아에 대해 취하는 이 고압적 태도에서 나오며,[6] 유머 속에서 초자아는 언제나 다음과 같은 메시지를 던진다. "보아라, 이것이 그렇게 위험해 보이는 세계다. 그러나 애들 장난이지. 기껏해야 농담거리밖에는 안 되는 애들 장난이지!"[7]

여기서 우리는 유머와 비극의 차이를 확인할 수 있다. 비극의 주체는 (오이디푸스로부터 예수에 이르기까지) 자신을 처형하는 권력 앞에 침묵하며 법의 심판을 수용한다.[8] 하지만 처형을 통해 역설적으로 비극의 주인공은 불멸의 개체성을 획득한다. 이런 점에서 비극은 숭고를 동반한다. 하지만, 유머의 주체는 침묵도, 불멸도, 부활도, 숭고도 알지 못한다. 사형수는 법에 의해 곧 목숨을 잃게 되는 존재다. 그런데 그는 지금 감기를 걱정하고 날씨를 생각하고 계단을 이야기한다. 목에 머플러를 둘러달라 말한다. 육신에 대한 이런 본능적이고 즉물적인 관심은 임박한 죽음 앞에서도 결코 약화되지 않는다. 그는 최후의 순간까지도 살〔肉〕의 욕망과 감각을 잃지 않는 생물生物이자 유물론자다.

아이러니하게도 이러한 유아적이고 생리적인 집착이 법의 권위를 흔드는 효력을 발휘한다. 처형장 유머에 웃음을 터뜨리는 자는 이렇게 묻지 않을 수 없는 것이다. 저처럼 처절하게 자신의 생명을 사랑하고, 자신의 생명에 애착을 가진 사람의 목을 자르는 '법'은 과연 얼마나 정의로운가? 법은 과연 무엇을 위해, 누구를 위해 존재하는가?

유머가 "심판 없이 행해진 정의"이며 "심판 없는 처형 행위"라는 벤야민의 말은 이러한 아이러니를 정확히 지적하고 있다.[9] 유머에는 "괴물적인 것"이 있다.[10] 그 괴물성은 생명의 종식 불가능성, 기괴한 불멸성에 그 기원을 두고 있는 듯하다. 유머 안에는 죽여도 죽지 않는 것, 죽일 수 없는 것, 죽음을 알지 못하는 것, 우리 인격 속에서 부단히 움직이는 괴물적 생명성, 그러나 언제나 상처와 박탈과 소멸의 위협에 시달리는 생명의 절박한 목소리가 메아리치고 있는 것이다. 나는 죽지 않는다, 나는 살고 싶다, 나는 불멸이다, 이렇게 외치는 목소리가.

가령 목에 두를 머플러를 달라고 부탁하는 사형수는 그 발언을 통해 한 명의 불특정하고 추상적인 '범죄자'이기를 갑자기 멈춘다. 그는 이제 추위를 느끼고, 자기 몸을 아끼며, 계속 살고 싶어 하는 "하나의 어떤 생명une vie"으로 변모한다.[11] 그것은 눈앞에 존재하는 구체적인 인간이다. 이 변환을 가져오는 것이 유머의 파괴적 힘이다. 유머는 죄인들을 심판한다고 주장하는 법의 맹목성, 추상성, 형식성, 자의성을 폭로한다. 법이 누구를 위한 것인지를 묻게 한다. 법의 정당성에 균열을 낸다. 경찰, 검사, 판사의 권력은 유머 속에서 도리어 심판의 대상이 된다.

들뢰즈와 과타리의 분열분석이 명철하게 드러낸 것처럼, 프로이트는 욕망을 오이디푸스 삼각형(아빠-엄마-아들) 속에 감금시켰다. 그 결과 무의식의 가공할 힘은 순치되고 통제된 표상의 질서로 환원되어버린다. 유머에 대해서도 마찬가지 절차가 수행된 듯이 보인다. 즉, 프로이트는 유머를 사회적 권위(초자아)에 귀속시킴으로써, 유머에 잠재되어 있는 불온성과 비판성을 은폐한 것이다. 이런 점에서, 프로이트의 유머 이론도 수정되어야 한다. 유머의 참된 발화자는 초자아가 아니라 '이드'다. 죽음도 부정否定도 시간도 알지 못하는 무의식, 욕망의 흐름으로 기계작동하는 '이드'가 바로 유머리스트의 숨은 실체다. 따라서, 유머리스트는 '신=법=아버지'가 아니라, 우리 안에 존재하는 '고아=무신론자=탈주자脫走者'로 보아야 한다. 유머리스트는 다스릴 수 없는 민중의 근원적 저항성이자, 비인간적, 반사회적 생명력, 진압할 수 없는 욕망 기계다.

바로 이런 점에서, 유머는 구조적으로 슬픔과 분리할 수 없다. 유머는 웃긴 만큼이나 슬픈 것이다. 풍자나 농담이나 위트와 달리 유머에는 비탄의 날카로운 편린이 박혀 있다. 모든 것을 상실한 자가 주는 웃음이 유머이기 때문이다. 상실의 깊이가 유머의 통렬성에 비례한다. 영화사에서 이런 유머리스트의 주체성을 가장 탁월하게 형상화한 존재는 채플린이 연기한 '떠돌이 찰리'다. 그의 유머는 언어를 넘어서 몸짓 전체로, 존재 전체로 확장되어 있다.

실제로 채플린 자신도 유머의 논리를 잘 알고 있었다. 빅토르 시클롭스키는 이렇게 쓴다. "채플린은 어떤 인물이 가장 희극적인 순간은 그가 말도 안 되는 상황에 부닥쳤지만, 마치 아무 일도 일어나지 않은 듯 행동할 때라고 말한 적이 있다. 예를 들어서, 거꾸로 매달린 자가 자신의 넥타이를 똑

바로 세우려고 계속 애를 쓸 때, 그는 희극적이다."[12] 거꾸로 매달린 채 중력에 늘어진 넥타이를 세우려는 자, 그것이 바로 떠돌이 찰리가 아닌가? 가는 곳마다 곤경과 멸시와 문제를 만나지만, 찰리는 좌절하는 일 없이 부단히도 움직여나간다. 어떤 권력, 폭력이나 악의, 간계도 자아에 손상을 입힐 수 없다는 듯, 어떤 고난이나 문제도 자기의 생명을 해칠 수 없다는 듯, 찰리는 유머리스트에 특유한 불굴의 무사태평함을 유지하며 미국 자본주의의 정글부터 파시스트 소굴까지, 서커스 무대에서 컨베이어 벨트까지, 서부 탄광으로부터 권투 경기장까지 천연덕스럽게 횡단한다.

아키 카우리스마키

아키 카우리스마키 영화에 영성靈性이 있다면, 그것은 바로 이러한 유머의 영성이다. 이 무뚝뚝하고 괴팍한 핀란드 네오리얼리즘 거장이 영화와 처음 인연을 맺게 된 것은 자신의 친형 미카 카우리스마키의 단편 〈거짓말쟁이〉(1981)의 시나리오를 쓰면서부터였다. 1983년에 카우리스마키는 도스토옙스키의 소설을 각색한 최초의 장편영화 〈죄와 벌〉을 발표한다. 영화의 주인공 라히카이넨은 이후 그의 영화에 나타날 일군의 인물들(실직한 노동자, 도시 빈민, 보헤미안 예술가, 난민, 루저 들)을 응축하고 있다.

1985년의 〈오징어 노동조합〉 이후, 그는 '프롤레타리아트 삼부작'으로 알려진 〈천국의 그림자〉(1986), 〈아리엘〉(1988), 〈성냥공장 소녀〉(1990)를 찍는다. 이어서 '핀란드 삼부작'으로 불리는 〈어둠은 걷히고〉(1996), 〈과거가 없는 남자〉(2002), 〈황혼의 빛〉(2006)이 나온다. 실존 밴드를 소재로 한 〈레닌그라드 카우보이 미국에 가다〉(1989)와 그 속편인 〈레닌그라드 카우보이 모세를 만나다〉(1994)를 통해 그는 세계적인 컬트 감독의 자리에 등극한다. 카우리스마키는 2000년대 중반 이후에도 〈르아브르〉(2011), 〈희망의 건너편〉(2017), 〈사랑은 낙엽을 타고〉(2023) 같은 작품들을 내놓으면서, 상업 영화에 타협하지 않는 개성적인 자기 세계를 이어가고 있다.

카우리스마키의 스타일은 '미니멀리즘'으로 대표된다. 초기작부터 그는 "금욕주의, 간결성, 생략주의ellipticism, 무표현적 연기"를 추구해왔다.[13] 대사는 최소화되어 있고, 인물들의 표정도 가면을 쓴 듯 내향적이고 검약적이다. 한 인터뷰에서 카우리스마키는 자신이 오즈 야스지로를 매우 좋아하며, 일본 영화 특유의 장식 없는 정직성을 높게 평가한다고 토로한다. 이것은 그가 이상적으로 생각하는 예술적 원리가 '축소'와 '단순성'이라는 사실을 암시한다.[14]

그런데 이처럼 미니멀한 세계를 찬란하게 물들이는 예외적 과잉의 영역이 하나 있으니, 그것이 바로 음악이다. 그의 영화를 본 사람은 잘 알겠지만, 이야기가 펼쳐지는 모든 중요한 곡절들에서 어김없이 음악이 흘러나온다. 음악에 국

한시켜 말하자면, 카우리스마키는 결코 미니멀리스트가 아니다. 그는 자신이 구축한 미니멀리즘을 '음악적으로' 배반한다. 밴드가 무대에서 노래를 시작하는 순간, 맹숭맹숭하던 스크린은 인간적 생기와 색감으로 넘쳐흐른다. 취기가 훅 퍼져 오를 때도 있다. 로큰롤이건, 재즈건, 핀란드 대중가요건, 샹송이나 가스펠이건 상관없다. 음악은 삶의 리듬, 정동, 계시의 순간들이므로. 인생의 보편적 유체流體, 피와 눈물과 땀이 흐르는 관능적인 도관導管이므로. 음악이 끝난 자리는 자못 쓸쓸하지만, 거기서 다시 문제와 일상과 폭력과 사랑이 시작된다. 카우리스마키는 휴머니스트다. 하지만, 그의 휴머니즘은 요란하지 않다. 미니멀하다. 그래서 도리어 큰 울림을 준다.

핀란드 삼부작

서사 구조의 관점에서 말하자면, 카우리스마키의 영화들은 대동소이한 스토리라인을 갖고 있다. 말하자면, 힘없는 자들이 사회구조의 폭력에 휘말려 난관에 봉착하지만, 끈질긴 삶에의 의지와 타인들의 도움을 통해 그것을 헤쳐 나온다는 것.

가령 〈어둠은 걷히고〉는 주인공 부부의 실직 과정을 보여주면서 시작한다. 남편은 회사의 구조조정으로 직장을 잃고, 구직에 연이어 실패한다. 부인이 일하던 레스토랑도 문을 닫는다. 간신히 구한 직장의 고용주는 탈세로 그녀를 곤경에 빠뜨린다. 하지만 이들은 부인이 예전에 다니던 직장 소유주의 도움으로 식당을 열고 새출발을 한다. 그 식당의 이름은 '노동Työ.' 이 상호에는 실직의 괴로움, 일을 되찾았다는 기쁨, 삶에 대한 감사의 마음이 넘실댄다. 레스토랑의 이름은 그 자체로 실직자 부부의 유머인 것이다.

비로소 영업이 시작되는 날. 모두 긴장한 채, 감격한 채 도열해 있지만 아무도 찾아오지 않는다. 또 실패인가? 모두의 얼굴이 어두워지던 바로 그때 택시가 한 대 도착한다. 손님이다. 또 한 사람이 온다. 곧 식당이 꽉 찬다. 마지막으로, 헬싱키 노동자 레슬링팀 서른 명이 예약을 해온다. 육체노동을 하는 레슬러들이 근육을 씰룩거리며 활기차게 밥을 먹는 '노동'이라는 식당. 좌절한 자들의 밝은 미래를 이보다 더 유머러스하게 그려낼 수 있을까?

〈황혼의 빛〉의 주인공 코이스티넨은 야간 경비업체에서 일한다. 동료들에게도 따돌림을 받고, 상사들에게는 무시를 당한다. 그가 순찰하는 건물에 보석 가게가 있는데, 이를 노린 폭력배들이 계략을 쓴다. 속임수에 걸려든 그는 보석 절도 누명을 쓴 채 투옥되고, 형기를 채운 뒤 출옥한다. 이후 폭력배 집단의 두목에게 복수를 하러 덤벼들지만, 경호원들에게 죽을 만큼 맞고 항구 공터에 버려진다. 코이스티넨이 폭력의 대상이 될 때마다 (무력한 수호천사처럼) 그의 옆에 머물던 흑인 소년이 코이스티넨을 좋아하는 여자에게

이 사실을 알린다. 그녀가 달려와 보니, 저 어리석고 못난 남자는 깊은 상처를 입고 죽어가고 있다. 그들은 다음과 같은 (카우리스마키 특유의) 썰렁한 대화를 나눈다.

> 여자: 가서 도움을 요청할게요.
>
> 남자: 여기 있어줘요.
>
> 여자: 죽지 말아요.
>
> 남자: (입에서 피를 흘리며) 여기서 죽지는 않을 거예요.

코이스티넨과 여자의 두 손이 포개져 있는 모습을 비추며 영화는 그렇게 끝난다. 그가 결국 숨을 거둘지 아니면 다시 살아날지 관객은 알지 못한다. 하지만 그의 생사여부와 무관하게, 저 맞잡은 두 손의 메시지는 강력하다. 즉, 아무리 두들겨 맞았어도, 아무리 배신을 당해도, 아무리 고독하고 아무리 멸시받아도, 여기서 죽지는 않을 것이다. 말하자면 심지어 죽는다 해도 '여기서는' 죽지 않을 것이다. 죽음보다 더 강력한 무언가가 죽어가는 저 남자 속에서 꿈틀거리며 살아 있다. 죽음은 '여기서는' 그것을 파괴할 수 없다. 저 비장한 마지막 대사가 유머가 되는 것은 "여기서" 때문이다.

2002년에 칸에서 그랑프리를 차지한 〈과거가 없는 남자〉는 불의의 사고로 기억을 잃은 사내의 이야기다. 영화는 한 중년 남성이 밤 기차에서 내려 공원 벤치에 앉아 졸다가 불량배들에게 폭행을 당하는 장면으로 시작한다. 그는 병원으로 이송되지만, 모든 생체 사인을 알리는 그래프들이 멎는다. 숨진 것이다. 그런데 갑자기 얼굴과 온몸에 미라처럼 붕대를 감은 채 남자가 악몽에서 깨어나듯 벌떡 일어난다. 기적처럼 다시 살아나, 부러진 코뼈를 스스로 우두둑 맞추고 병원을 나온다.

장면이 바뀌어, 그는 어느 부둣가에 쓰러져 있다. 헬싱키 빈민들이 모여 사는 공동체다. 그는 기억을 잃어 자신의 과거를 떠올리지 못한 채 이웃들의 도움으로 컨테이너를 하나 양도받아 삶을 회복해간다. 허름한 텃밭에 감자도 기르고 뮤직박스를 주워와 음악도 듣는다. 그리고 마침내 사랑이 시작된다. 금요일 저녁에 밥차를 끌고 오는 구세군에서 일하는 이르마를 만난 것이다. 기숙사에서 고독하게 살던 이르마는 과거를 상실한 남자에게 마음을 연다. 이들의 연애는 건조하고 서툴지만 말할 수 없이 애틋하다. 남자가 기억을 되찾아 원래 자신이 있던 지역으로 되돌아가지만 결국 과거를 정리하고, 이르마에게 돌아온다.

선善은 왜 세상에서 사라지지 않는가?

브르통과 프로이트가 언급하는 사형수들, 채플린의 떠돌이 찰리, 카우리스마키의 인물들은 '만화적인' 무언가를 공유하고 있다. 그것은 불굴의 기계적 생명성이다. 가령 지젝은 애니메이션 〈톰과 제리〉에서 흥미로운 현상을 관찰한다. 고양이 톰이 "칼에 찔리거나 다이너마이트가 그의 주머니에서 터지고 증기 롤러에 치여 몸이 리본처럼 납작하게" 된 후에도 다시 정상적인 몸으로 나타난다는 것이다. 톰은 "파괴될 수 없는 또 하나의 신체를 소유하고 있는" 듯이 행동한다. 이런 특성은 죽어도 또 살아나는 전자오락 게임의 캐릭터들에게서도 관찰된다.[15]

이들이 보여주는 것은 아무리 죽여도 죽지 않는 것, 죽일 수 없는 것, 파괴할 수 없는 것이다. 손상시키거나 굴복시킬 수 없는 것. 비인간적이고 맹목적인 생명의 충동. 인간-너머의, 목숨-너머의 생명성이다. 언데드undead. 20세기 정신분석학은 인간 정신에 내재하는 이 괴물적 힘을 '죽음 충동'이라는 용어로 개념화했다.

우리가 흔히 잘못 이해하는 바와 달리, 정신분석학이 말하는 죽음 충동은 자살에의 의향, 죽고 싶다는 생각, 소멸을 향한 자연적 경향, 혹은 엔트로피 같은 것이 아니다. 죽음 충동은 죽음과 무관하다. 반대로 그것은 생명의 끈질기고 강렬한, 유기체가 결코 체험할 수도 없고, 인지할 수도 없는 '비-유기체적 생명성'을 지시하는 용어다. 주체를 무의식적으로 강박하여 불쾌하고 고통스러운 행위마저도 끝없이 반복하게 만드는 마성적 힘.[16] 바로 그런 의미에서 죽음 충동은 "생명이 항상 그 자신을 초과하는 방식"이자 "살아 있으라는 순수한 압력"이라고 말해지는 것이다.[17]

카우리스마키의 인물들은 유머와 죽음 충동이 교차하는

저 기묘한 세계에 머문다. 앞서 언급한 것처럼, 저들은 불행에 타격을 입지 않는다. 두드려 맞고, 칼에 찔리고, 강도를 당해 병원에 가도, 다시 살아난다. 본질적인 것은 손상되지 않는다. 실패, 박탈, 고통, 부당함에 늘 당하지만, 표정 변화도, 오열도, 탄원도, 원망도 없다. 징징대지고 않고 엄살을 떨지도 않는다. 날아오는 펀치를 흘려보내는 복서처럼, 사건들을 그냥 쿨하게 흘려보낸다. 불행을 느끼는 심적 기관 자체가 결여된 듯, 기죽지 않는다. 꼿꼿하게 헐벗고 꼿꼿하게 박탈되고 꼿꼿하게 패배하고 꼿꼿하게 죽고 꼿꼿하게 부활한다.

코엔 형제의 영화적 이념이 '그건 아무것도 아니야'로 집약될 수 있다면, 카우리스마키 시네마의 이념은 '인생은 언제나 처음부터 다시 시작하는 것이야'라고 말할 수 있다. 항상 다시 시작하는 것만이 우리에게 주어진 삶의 진정하고 유일한 리듬이다. 실업을 당하면 다시 직장을 구하고, 헤어지면 다시 만나고, 빼앗기면 다시 획득하면 된다. 다치면 회복하고, 또 다치면 또 회복한다. 하지만 도저히 다시 회복할 수 없을 정도로, 도저히 다시 시작조차 할 수 없을 정도로 깊이 파괴되었을 때, 우리는 어떻게 해야 하는가? 랍비 마샤이 제퍼슨 에어플레인의 노래 가사를 빌려와 래리의 아들에게 물었듯이, 진실이 거짓으로 밝혀지고 모든 희망이 사라져버리면 어떻게 해야 하는가? 이 질문에 대해 카우리스마키 영화는 놀라운 해답을 제공한다.

말하자면 당신이 완전히 무너졌을 때, 그래서 다시 시작할 어떤 힘조차 없을 때, 바로 그때 타인들이 나타난다. 누군가 나타난다. 그것이 우리가 사는 이 세상이다. 실제로, 그의 영화에서 누군가 다쳤을 때, 버려졌을 때, 누군가 곤경에 처했을 때, 아플 때, 사람들이 나타난다. 누군가 비열하게 폭행을 당할 때, 사람들이 꾸역꾸역 나타난다. 폭력에 맞선다. 붕대를 감아준다. 밥을 준다. 노래를 부른다. 손을 내민다.

악인들이 약자들을 파괴시킨다는 점에서 이 세상은 일종의 지옥이다. 하지만 불멸하는 생명의 힘이 약자들로 하여금 계속 삶을 다시 시작하게 한다는 점에서 이 세상은 '유머러스한' 지옥이기도 하다. 그런데 여기서 한 걸음 더 나가서, 그 유머러스한 지옥에는 언제나 선인善人들이 있다. 착한 사람들이, 그들이 도움을 주기 위해 뻗는 손들이 있다. 선善은 악惡의 발생을 막지는 못하지만, 악이 극단으로 흘러가는 것을 어느 지점에서 중지시킨다. 그렇다고 지옥이 천국이 되는 것은 아니다. 세상에 왜 악이 존재하느냐라고 수많은 철학자들(가령 라이프니츠)이 물었다. 하지만, 카우리스마키 영화는 질문을 뒤집는다. 세상은 늘 지옥인데, 왜 지금까지도 악은 완전한 승리를 거두지 못했는가? 왜 선은 이토록 완강하게 잔존하는가? 왜 착한 사람들은 계속해서 나타나는가?

#

악惡과의 아무런 연관 없이도 존재할 수 있는

선善이 참된 선이다.

#

우리가 경험하는 대부분의 선은 악에 대한 반작용이다.

악은 자신에 대한 반작용을 통해서 활로를 이어가기도 한다.

#

선과 악이 은밀히 교환되거나,

선과 악이 은밀히 소통할 때,

그 교환과 소통은 그 자체로 악이다.

이 교환과 소통을 묵인하는 것을 지혜로 착각해서는 안 된다.

진정한 악은 선을 악으로 통합시키는 운동성이다.

그 운동성을 정지시키는 것이 참된 선이다.

#

선은 사고의 대상이 아니다. 실천의 대상도 아니다.
선은 많은 경우 사고와 실천의 정지 상태다. 뭔가를 할 때
우리는 선하기 어렵다. 하지만, 뭔가를 멈출 때,
멈춤 속에서 자기 자신이 희박해지고, 희미해지고,
연기처럼 소멸될 때, 그때 우리는 비로소 선에 동참하게 된다.

#

"참된 집중을 할 때마다 우리 안의 악이 파괴된다."[18]

#

사람들은 흔히 악을 두려워한다.

그것은 악에 내재된 힘에 대한 두려움이다.

하지만, 악보다 더 강력한 힘을 가진 것은 선이다.

악 앞에서 자아는 축소되어 작은 점으로 쪼그라들지만,

그럼에도 불구하고 소멸하지는 않는다.

자아는 악을 피해 살아남기 위해 순수한 부분만 남기고

나머지를 다 버리고 있는 것뿐이다.

하지만, 선 앞에 섰을 때, 우리는 문자 그대로, 파괴된다.
우리가 느껴본 적 없는 마음의 깊이까지 선은
자신의 빛을 던진다. 그 빛에 노출된 모든 인간적인 것,
자아의 외피를 이루는 껍데기는,
햇빛을 받은 곰팡이처럼, 모두 녹아 사라진다.
우리는 선의 빛이 내려 쪼임으로써 비로소
자신 안에 존재하던 어둠의 깊이를 깨달을 수 있다.
악은 선이 우리의 내부로 파고 들어오는 그 깊이까지
결코 침투하지 못한다.
선이 파고 들어간 영혼은 곧바로 해체된다.
그리고 그 자리에서 부활한 다른 인간이 나타난다.
선은 악이 결코 행할 수 없는 존재의 완전한 파괴와
부활을 일으킨다. 선보다 더 강한 것은 없다.
가장 무시무시한 힘은 악이 아니라 선이다.

7장

붕괴와 추앙 사이

박찬욱과 박해영

"사랑은 언제나 내 마음대로 되지 않았고
또 마음은 말처럼 늘 쉽지 않았던 시절
나는 가끔씩 이를테면
계절 같은 것에 취해 나를 속이며
순간의 진심 같은 말로
사랑한다고 널 사랑한다고 나는 너를
또 어떤 날에는 누구라도 상관없으니
나를 좀 안아줬으면
다 사라져버릴 말이라도 사랑한다고
날 사랑한다고 서로 다른 마음은
어디로든 다시 흘러갈 테니"[1]

완전히 붕괴됐어요

박찬욱 감독의 〈헤어질 결심〉(2022)은 모호한 영화다. 서사도, 감정도, 대사도, 연애도, 안개 낀 바다도, 주인공의 생사도 모호하다. 결심決心이라는 제목과 반대로 모든 것이 미결未決로 남는 영화. 미결정성의 영화. 모호함이 커다란 매력으로 작용하는 그런 영화.

이런 감흥은 박찬욱 영화에 대해 많은 사람들이 일반적으로 갖고 있는 인상과 잘 부합하지는 않는다. 대개 그의 전작들은 복잡해 보여도 명료한 메시지를 갖고 있었다. 은유, 암시, 오마주, 상징들을 풀어가다 보면 명확한 서사가 나타난다. 투명하고 분석적인 세계다. 홍상수나 이창동과 다른 박찬욱 영화의 특이성이라 할 수 있다. 그런데 〈헤어질 결심〉은 좀 달랐다. 멜로드라마인데도, 그려지는 사랑은 끝끝내 모호함 속에 잠겨 있다. 이를 이해할 수 있게 해주는 단서 중의 하나는 영화가 다루는 사랑이 언어의 문제와 깊이 얽혀 있다는 사실이다.

〈헤어질 결심〉에서 언어는 중요한 서사적 요소를 이룬다. 송서래(탕웨이 분)가 등장하는 순간 전면에 드러나는 것은 그의 '인격'이 아니라 그가 쓰는 '언어'다. 중국어를 모국어로 하는 송서래의 한국어는 어색하고 부자연스럽고 생경하다. 마치 한국어와 중국어 사이에 존재하는 제삼의 언어, 왠지 한 번 더 한국어로 번역되어야 하는 언어 같기도 하다. 그런데, 바로 이런 이유로 송서래의 어눌한 말들은 (마치 고장 난 도구처럼 사용의 대상이 아니라 관조의 대상이 되어) 우리의 각별한 주목을 끌고, 상황의 전면에 부각되며, 그 의미를 골똘히 생각하게 하는 특이한 힘을 발산한다.

도입부에서 장해준(박해일 분)이 서래를 경찰서로 불러 남편의 추락사를 조사하는 장면이 이를 잘 보여준다. 본격적 취조에 들어가기 전에 해준은 "많이 놀라셨겠습니다"라는 위로의 말을 건넨다. 그러자 서래는 특유의 중국어 억양이 섞인 발음으로 "산에 가서 안 오면 걱정했어요. 마침내 죽을까 봐"라고 대답한다. 평범한 한국인이었다면 아마 같은 상황에서 "잘못해 죽을까 봐" 또는 "자칫 사고라도 날까 봐"라고 말했을 것이다. 이에 비춰 보면, 서래가 발화한 저 "마침내 죽을까 봐"는 묘하게 이상하다. 이 이상함은 '마침내'에서 온다. '마침내'라는 부사에는, 오랫동안 품어왔던 소망이 이루어지는 순간의 도래, 은밀한 감격, 지금껏 견딘 시간의 두께, 그 지속이 결국 종결되었다는 해방감이 묻어 있다. 결론적으로 말하자면, '마침내 죽을까 봐 걱정했다'는 말은 '마침내 죽었다!'라는 기쁨의 외침과 '죽을까 봐 걱정했다'는 또 다른 속삭임이 겹쳐져 있는 (프로이트적 의미의) 징후다.

엘리트 형사인 해준은 이 모멘트를 결코 놓치지 않았다. 그는 '마침내'의 수상함을 직감하고 그 단어를 몇 차례 되뇐다. 평범한 단어가 관습적 사용에서 떨어져 나와 해준의 추리 대상이 된다. 그리고 이 짧은 순간, 해준과 서래 사이에 어떤 틈새가, 언어의 안개 같은 차원이, 징후들이 발휘하는 마성적 소통 공간이 열린다. 해준이 서래와 사랑에 빠진 것은 바로 이 순간이다. 이들의 연애는 언어를 매개로 개시된다. 들뢰즈에 의하면, 사실상 모든 연애는 그렇게 시작한다.

"사랑에 빠진다는 것은 그 사람이 지니고 있거나 방출하는 기호들을 통해서 어떤 사람을 개별화시키는 것이다. 즉 사랑에 빠진다는 것은 이 기호들에 민감해지는 것이며 이 기호들로부터 배움을 얻는 것이다. [⋯] 사랑, 그것은 사랑하는 사람 속에 감싸인 채로 있는 우리가 모르는 세계들을

'펼쳐 보이고' '전개시키고자' 하는 우리의 노력이다. 이런 이유로 우리는 그토록 쉽게 우리의 '세계'에 속하지도 않고 우리의 타입도 아닌 여자들과 사랑에 빠지는 것이다. 또 우리가 사랑하는 여자들이 종종 풍경들과 연관되는 것도 같은 이유에서이다. 우리는 한 여자의 눈 속에서 어떤 풍경이 재현된 모습을 찾아볼 수 있기를 바라기에 충분할 정도로 그 풍경의 지방에 대해서 잘 안다. 그러나 어떤 관점에서 보면, 그 여자의 눈 속에서 재현된 그 지방의 영상은 너무나 신비스러워서 마치 우리가 갈 수 없는 미지의 고장 같기만 하다."[2]

돌발적으로 생성되어 우리 앞에 나타난 기호는 경험의 흐름을 중지시킨다. 앎을 중지시킨다. 그리고 사고를 강제한다. 기호는 마주침의 대상이자, 우리 지성에 폭력을 행사하여 경험을 불가능하게 하고, 거기서 사유를 시작하게 하는 모멘트다. 범죄의 수사搜査와 사랑은 이러한 기호학적 유희 공간을 공유하고 있다. 다른 이들의 눈에는 아무것도 아닌 것으로 여겨지는 몸짓이나 말에서 중대한 메시지를 발견하고, 무심한 행동도 진심의 암호처럼 읽히는 착각과 번민과 질투의 공간(사랑). 혹은, 보잘것없는 사물이 범죄의 전모를 품고 있는 결정적 단서로 전환되기도 하는 해석학적 공간(수사).

기호가 발휘하는 힘이라는 관점에서 보면, 두 영역은 깊은 동질성을 갖고 있다. 가령 해준이 서래를 망원경으로 관찰하거나 서래의 흔적을 조사할 때, 그것은 사랑하는 사람의 무심한 뒷모습을 바라보거나 그가 잠들고 일어나 나간 침대의 시트를 물끄러미 바라보며 연인의 부재에서 강렬한 현존성을 느끼는 사람을 연상시키기도 한다. 실제로 〈헤어질 결심〉의 연애는 수사와 사랑이 보여주는 이러한 기호학적 역동성의 자장磁場을 거의 한 번도 떠나지 않는다. 수사관과 수사 대상이라는 관계와 연애의 두 파트너라는 관계는 중첩과 분리를 반복한다.

중요한 것은 저 두 사람 사이에 그 의미를 결정할 수 없는 언어, 생각, 기호들이 끊임없이 생성되고 순환하고 있다는 사실이다. 이를 좀더 잔인하게 표현하면, 해준과 서래는 결코 기호의 두꺼운 활동 층을 뚫고 서로의 살〔肉〕에 직접적으로 가닿지 못한다. 서로의 마음의 깊은 지점에 도달하지 못한다. 조금이라도 움직여 가는 순간, 미결未決을 본질로 하는 해석학적 차원이 거기 따라붙는다. 상대방의 마음과 살은 그 운동의 힘에 밀려 다시 멀어진다.

저들의 연애가 애틋하지도 절절하지도 쓰라리지도 색정적이지도 않은 이유가 이 때문인 듯하다. 이들의 사랑은 본격적으로 가동되지 않는다. 한 점을 향해 귀결되지도 않는다. 연막처럼 온통 스크린을 매캐하게 물들이는 정념적 '무드mood'로만 남는다.[3] 몽롱하고 아득하고 은근하다. '사랑해'라는 말은 필사적으로 회피되고, 억압되고, 거부된다. '사랑해'라는 말의 근본적으로 덧없는 반복성, 하지만 그 반복적이고 텅 빈 내용을 통해서만 만들어지는 관계의 미래성이 이 영화에서는 거의 느껴지지 않는다. 해준과 서래 사이에는 공통의 시간이 부재한다. 이처럼 '사랑'이라는 언표가 지워진 〈헤어질 결심〉의 세계를 독특한 색감으로 물들이는 새로운 언표가 하나 있으니, 그것이 바로 '붕괴崩壞'다.

원전 완전 안전해요

이야기인즉, 해준은 서래에게 마음이 흔들렸다. 그가 사랑의 마음을 흥분한 채 자못 격정적으로 토로하는 장면이 하나 등장한다. 그런데, 서래에게 사랑의 고백을 하는 해준은 "사랑해요"라거나 "좋아해요"라고 말하지 않는다. 대신 책에 적힌 문장을 읽듯이 "나는… 완전히 붕괴됐어요"라고 말하고 있다. '붕괴'는 '사랑'의 의미론을 인수하고, 대체하고, 변형시키고, 추월하고 있다. 이상한 연애다. 왜 이런 연애여야 하는가?

혹시 이 영화는 이렇게 말하고 싶은 것일까? 그러니까, 우리 시대의 사랑은 욕망도 성애도 희생도 구원도 아니라고. 낭만적 모험도 성장도 소통이나 이해, 상호 인정과도 무관하다고. 에로스의 자리는 이제 남녀 사이가 아니라, 퀴어 혹은 인간과 비인간의 관계로 이전되었으며, 이성애자 남녀 사이에 어떤 멜로드라마적인 것이 만들어지기 위해서는, 한 명의 남자와 한 명의 여자 사이에 멜로드라마적인 무드가 창출되려면, 최소한 다른 언어를 쓰는 자들, 서걱거리며 겉돌며 서로의 내부로 들어가지 못하는 모호한 커플이 등장해야 한다고. 사랑은 시작되지도 끝나지도 말아야 한다고. 모호함이 아득한 분위기로만 남아야 한다고…

실제로 해준과 서래는 영영 만나지 못하는 평행선처럼 외롭게, 서로를 바라보며 끝까지, 어떤 뭉클한 접점도 이루지 못한 채 뻗어 나간다. 함께, 동시에, 같은 마음으로 붕괴하지 않는다. 각자의 역량만큼, 각자가 견딜 수 있는 만큼, 각자의 감정만큼, 각자의 인생만큼, 그 한도 안에서 개별적 붕괴의 방식을 찾아내고, 붕괴를 말하고, 붕괴를 수행할 뿐이다. 해준 또한 엄밀히 말하자면, 붕괴한 자가 아니다. 그는 붕괴를 말함으로써 사랑이 야기할 수 있는 참된 붕괴로부터 도주한다. 어떤 근본적 쓸쓸함이 〈헤어질 결심〉을 지배하는 것은 이 때문이다. 서래와 해준의 사랑이 실패하기 때문에 쓸쓸한 것이 아니라, 상실해야 하는, 실패로 돌아가야 하는 충만한 사랑의 순간(그것이 아무리 짧다 하더라도) 자체가 결여되어 있기 때문이다. 사랑은 불가능한, 아니 좀더 정확히 말하자면, 비개연적인 무언가가 되었다.

이런 점에서, 〈헤어질 결심〉이 그리는 사랑을 은유하는 대표적 풍경은 파도치는 해변도, 달밤의 호미산도, 아름다운 고찰古刹도 아니다. 그것은 해준의 부인이 근무하는 이포의 원자력 발전소다. 안개 낀 어둠에 잠긴 채 빨간 불만 서너 개 깜박거리는 음침한 건물. "원전 완전 안전하거든요"

라는 해준의 실없는 농담은 뼈를 품고 있다. 원전뿐 아니라 사랑도 완전 안전해야 한다. 원자로에 봉쇄된 핵물질처럼, 일상에서 차폐된 채 관리되어야 한다. 말하자면, 사랑은 이제 리스크다. 리스크라는 말은 원래 보험에서 사용되기 시작한 용어다. 이에 대해서 프랑수아 에발드François Ewald는 이렇게 쓴다.

"일상 언어에서 '리스크'라는 용어는 위험이나 위난, 즉 누군가에게 일어날 수 있는 불행한 사건과 동의어로 이해된다. 이는 객관적 위협을 지칭한다. 반면 보험에서 리스크는 특정한 사건이나 현실에서 일어나는 (불행한) 사건 일반이 아니라 일군의 사람들, 더 정확히 말해 어떤 개인의 집단(즉, 하나의 인구집단)이 대표하고 소유한 가치 또는 자본에 일어날 수 있는 어떤 사건을 다루는 특정한 방식을 지칭한다. 그 자체로 리스크인 것은 없다. 그러나 다른 한편으로 그 어떤 것도 리스크가 될 수 있다. 이 모든 것은 위험을 어떻게 분석하고 사건을 어떻게 보느냐에 달려 있다. 칸트식으로 말하면 리스크의 범주는 오성의 범주이며, 감성이나 직관에서 나올 수 없다."[4]

리스크는 위험danger이 아니다. 위험은 물리적으로 현존하며 실제로 발생한 것이다. 감각적으로 느껴지고, 눈에 보이고, 그 피해와 손상이 실존한다. 하지만 리스크는 이러한 위험이 발생할 수 있는 미래의 가능성과 그에 대한 합리적 계산을 총칭하여 부르는 이름이다. 흡연으로 폐암이 생긴 사람에게 담배는 부인할 수 없는 위험이지만, 아직 걸리지 않은 폐암을 걱정하면서 금연을 하는 사람에게 담배는 리스크다. 말하자면, 리스크는 현실 그 자체의 속성이 아니라, 우리가 현실을 구성하는 '방식'에 내재하는 (칸트적 의미의) 인식의 틀, 오성의 범주다. 리스크라는 선험적 범주는 시대에 따라서 상이한 구성의 양상을 보인다.

20세기 후반에 친밀성 영역에서 일어난 혁명적 구조변동의 핵심은 이제 친밀한 관계가 더 이상 삶의 안식처나 구원이 아니라, 오히려 '리스크'가 되어버렸다는 사실에서 찾아진다. 이제 연애를 하는 것, 결혼을 하는 것, 아이를 낳는 것, 아이를 기르는 것은 전통적 의무도 '정상적' 라이프코스도 아니다. 저 모든 친밀성의 실천들은 이제 성찰하고, 계산하고, 상상해야 하는 개인적 과제가 되었다. 친밀한 관계 속에 어떤 위험이 도사리고 있으며, 그 위험이 현실화될 경우 어떤 일이 발생할 것이며, 누가 그것을 책임질 것인가? 사람들은 깊이 고민한다. 그들은 알고 있다. 친밀한 관계에서 발생하는 문제는 참으로 고통스러운 상처를 남긴다는 사실을. 낭만적 사랑의 환상은 파괴되었고, 사랑은 이제 더 이상 열정이 아니다. 사랑은 리스크다. 사랑이 리스크가 되었을 때, 우리는 어떻게 사랑을 실천하는가?

날 추앙해요

〈나의 해방일지〉(2022)는 사랑이 리스크가 된 우리 시대를 뚫고 나가는 청년들의 삶을 그린다. 이 드라마에는 두 개의 상이한 공간이 나온다. 하나는 경기도 산포. 염기정, 염창희, 염미정 남매가 부모와 함께 거기서 산다. 산포는 이들의 고향이고, 집이고, 오래된 친구들이 있는 곳이다. 다소 지루하고, 다소 정겹고, 다소 변함없고, 다소 무기력한 지방의 삶이 거기서 펼쳐진다. 또 다른 공간은 이들이 직장 생활을 하는 서울 강남이다. 산포와 강남을 지하철로 매일 왕복하며, 지친 삶을 살아가고들 있다.

〈나의 해방일지〉의 세 남매들은 모두 이상하게 걷는다. 좀비처럼 걷거나, 몽유병자처럼 걷는다. 어디론가 가는 자들이라기보다는, 바람이나 중력이나 미지의 힘에 떠밀려 가는 자들처럼 걷는다. 특히 산포 지하철역에서 집까지 가는 귀갓길에서, 이들은 마치 이 세상에서 가장 걷기 힘든 길을 걷고 있는 듯한 표정과 몸짓으로 걷는다. 남매끼리 만나도 서로 알은체조차 하지 않는다. 그런데, 이 쳇바퀴 같은 삶에 새로운 인물이 등장한다. 산포 집 근처에 한 낯선 인물이 세를 얻어 들어와 살며, 염씨 남매의 아버지가 운영하는 싱크대 공장에서 일을 하기 시작한 것이다.

그가 누구인지, 어디서, 무엇을 하던 사람인지 아무도 알지 못한다. 알려진 것은 오직 그의 성姓밖에는 없다. 그래서 식구들은 그냥 그 남자를 “구 씨”라고 부른다. 구레나룻이 돋아난 얼굴에 표정도 없이 묵묵한 구 씨는 낮에는 아버지의 목공일과 농사일을 돕고, 밤에는 편의점에 터벅터벅 걸어가서, 소주 두세 병을 사 와서 혼자 술을 마신다. 구 씨는 알코올 중독자다. 세 들어 사는 주택 앞마당 평상에 자리를 잡고는 별이 빛나는 밤이건, 비가 내리는 밤이건, 허공이나 먼 산을 바라보면서, 막연하고 아득한 표정으로, 술잔을 가끔 바꿔가면서, 그렇게 술을 마신다. 그의 집 작은 방은 겨우내 그가 마신 소주병으로 가득 차 있는데, 오후의 찬란한 햇빛이 거기 들면 참으로 황홀하게, 마치 축복이라도 받은 것처럼 눈부신 빛으로 차오르기도 한다.

구 씨는 〈나의 해방일지〉가 그리는 세계에 뚫려 있는 텅 빈 구멍이다. 그 구멍으로 술이 매일매일 일관적으로 부어진다. 가끔 만취해 쓰러져 상처를 입고 피를 흘리기도 하지만, 아침이면 언제 그랬느냐는 듯 다시 일어나 붕대를 감고, 아버지의 공장에 가서 땀을 흘리며 노동을 하고, 어머니가 차려주는 밥을 꾸역꾸역 먹는다. 말도 없고, 요구도, 불평도 없다. 염씨 남매와는 인사도 없다. 길에서 만나도 못 본 듯 스쳐 간다. 생각과 욕망이 모두 꺼져 재만 남은 사람, 그림자나 귀신같다.

그런데, 염미정은 구 씨에게서 자신의 내부에서 움직이고 있는 것과 동일한 힘을 간파한다. 죽음의 그림자. 겉으로 내색하지는 않지만, 염미정도 사실 생명의 어떤 부분이 꺾인 채, 소진된 채, 간신히 버티고 있던 것이다. 미정은 헤어진 남자친구가 빌려 간 돈을 대신 갚아주며 분노와 좌절을 숨기고 묵묵히 살아나가고 있었다. 자신이 비정규직으로 근무하고 있는 회사의 저열한 상사는 미정을 노골적으로 차별하고 멸시한다. 미정과 같은 또래의 여자 동료들도 그의 내성적 성격과 불안정한 위치를 인지하고, 그녀와 은근히 거리를 둔다. 미정에게 모든 인간관계는 그저 '노동'으로 느껴질 뿐이다. 의지와 기품을 가진 인간이지만, 그는 더 이상 견딜 수 없는 폭발 직전의 상태에 내몰려 있다.

그러던 어느 날 염미정은 밤늦게 집으로 돌아오던 길에, 그날도 어김없이 평상에 앉아 술을 마시며 취해 있는 구 씨를 본다. 어떤 알 수 없는 충동에 사로잡힌 사람처럼 갑자기 그녀는 구 씨에게 성큼성큼 다가가, 당돌하게 묻는다. 당신은 도대체 왜 매일 술을 마시냐고. 오래 사귄 친구에게 말하듯이 허물없이, 차분한 어조로, 마치 이런 힐난을 언젠가 예상했다는 듯 천연덕스럽게, 구 씨는 대답한다. 술 마시는 것이 아니면 내가 뭘 하겠느냐고. 염미정은 말한다. 할 일 줘요? 술 말고 할 일 줘요? 술 마시는 그것을 벗어나서 당신이 해야 할 일이 무엇인지 알려줄까요? 구 씨는 황당한 표정으로 그녀를 멍청하게 바라본다. 바로 그때 염미정은 구 씨에게 독백처럼, 방백처럼, 하지만 최종적으로 구 씨의 영혼을 향해 울부짖듯이, 이렇게 절규한다.

"날 추앙해요. 난 한 번도 채워진 적이 없어. 개새끼… 개새끼… 내가 만났던 놈들은 다 개새끼… 그러니까 날 추앙해요, 가득 채워지게. 좀 있으면 겨울이에요. 겨울이 오면 살아 있는 건 아무것도 없어요. 그렇게 앉아서 보고 있을 것도 없어요. 공장에 일도 없고, 낮부터 마시면서 쓰레기 같은 기분 견디는 거, 지옥 같을 거예요. 당신은 어떤 일이든 해야 돼요. 난 한 번은 채워지고 싶어. 그러니까 날 추앙해요. 사랑으로 안 돼. 추앙해요."(2화)

날 추앙해요. 21세기 한국 사회에 '추앙'이라는 언표는 이렇게 사건처럼 도래하였다. 박해영 작가의 상상력 속에서, 21세기 한국 사회의 친밀성의 이상은 이제 더 이상 '사랑'이 아니라 '추앙'이어야 했다. 추앙 推仰. 이 생경한 단어는 박찬욱 감독이 던진 '붕괴'라는 언표처럼 우리에게 익숙한 '사랑'의 의미론을 흔들고, 뒤틀고, 갱신시킨다. 아니, 폭파시킨다. 마치 이렇게 말하려는 듯이. 그러니까, 사랑이 사랑이 되기 위해서, 사랑은 그 자신의 테두리를 벗어나야 한다는 것. 사랑으로는 안 되는 것이 있다는 것. 사랑-너머의-뭔가가 있다는 것. 이것이 〈나의 해방일지〉가 주는 추앙의 에피파니다. 〈나의 해방일지〉가 가져온 예술적 혁명이다. 염미정이 갈망하는 것은 사랑이 아닌 추앙이다. 사랑이라는 값싼 말에 담기지 않고, 그것을 흘러넘치고, 그것을 타기하게 만드는 에너지. 사랑이라는 말을 더 이상 쓰지 못하게 하며, 그 말을 쓰는 자들을 경멸하게 하고, 그 말에 함몰되어 살아가는 인간들을 질타하게 하고, 그 말을 폐기하도록, 불태워버리도록 만드는 어떤 폭력적 해방감을 주는 기표. 추앙이란 무엇인가?

3분의 2 지점

20대 후반의 비정규직 프레카리아트 여성 염미정은 사랑을 버린다. 사랑이 약속하는 문화적 습관과 기대를 버린다. 염미정이 기억하는 사랑은 불행히도 능욕, 박탈, 배신, 착취뿐이었다. 염미정은 사랑을 갈구하지 않기로 한다. 사랑 따위에 속지 않기로 한다. 사랑과 연관된 모든 관습적 이미지, 가치, 도덕적 허상을 벗어던지기로 한다.

그런데, 이처럼 '사랑이라는 것'과 결별하려는 염미정 앞에 한 붕괴한 자가 나타난다. 자신만큼 인간에 지쳐 있는 폐인. 붕괴했다고 말할 수조차 없을 정도로 이미 붕괴하여 그저 침묵하는 자. 죽음 쪽으로 한 잔 한 잔 걸어가는 구 씨에게 그녀는 조심스럽게 다가간다. 그리고 그를 긴장시켜 고개를 들어 자신의 얼굴을 보게 한다. "나를 추앙해요." 이것은 고백이 아니라 명령이다. 구 씨야, 살아라! 죽지 말고 살아라! 하지만, 당신이 살기 위해서 당신은 나를 추앙해야 한다. 당신의 옆에 존재하는 나를, 당신의 타자를, 타인을, 당신의 이웃을, 그러니까 여기 당신처럼 무너져가고 있는 나를 추앙해야 한다. 나를 추앙함으로써 당신은 붕괴하지 않을 수 있다. 그리고 당신이 붕괴하지 않음으로써 나도 살아

나갈 수 있다. 이런 명령이다.

구 씨는 원래 서울 고급 호스트바의 유능한 관리자였다. 함께 살던 그의 여자친구는 심각한 우울증으로 고통을 받고 있었다고 한다. 구 씨는 그녀에게 상담을 받아보라 권유하면서 별다른 생각 없이 어떤 이야기를 들려준다. 그런데 구 씨의 이야기에 심리적 자극을 받고 여자친구는 투신자살을 해버린다. 구 씨가 붕괴한 것은 자신이 사랑하는 사람의 자살 때문이었다. 그가 자살 소식을 듣고, 정신을 잃은 채 도망치면서 우연히 잘못 접어든 고장이 바로 염미정이 살고 있는 산포다. 더 이상 움직일 힘을 잃은 구 씨가 산포에 눌러앉아 폐인처럼 삶의 끈을 놓아버리고 하루하루 그렇게 연명해가고 있었던 것이다. 염미정과 서서히 마음을 나누기 시작하면서, 구 씨는 드디어 그 어려운 이야기를 미정에게 털어놓는다.

“TV에서 봤는데, 미국에 자살 절벽으로 유명한 데가 있대. 근데 거기서 떨어져서 죽지 않고 살아남은 사람들을 인터뷰했는데, 하나같이 하는 말이, 3분의 2 지점까지 떨어지면, 죽고 싶게 괴로웠던 그 일이 아무것도 아니었다고 느낀대. 몇 초 전까지만 해도 죽지 않고는 끝나지 않을 것 같아서… 발을 뗐는데, 몇 초 만에… 그게… 아무것도 아니었다고 느낀대. 〔…〕 사는 걸 너무너무 괴로워하는 사람한테… 상담은 절벽에서 떨어지지 않고, 그 3분의 2 지점까지 가는 거라고, 그러니까 상담 받으라고 했는데… 그냥 떨어져 죽

었어."(9화)

구 씨의 이야기 속에서, 삶과 죽음은 시간의 진행 과정의 두 점이 아니다. 이런 면에서도 염미정과 구 씨는 통하는 바가 있다. 4화에서 동네 선배를 만나 서울 도심을 걸으며 미정은 이렇게 말한다. "저런 높은 건물에 사는 사람들은 멘탈 장난 아닐 거야? 한 발이면 끝낼 수 있는데. 안 하는 거잖아. 괴로워서가 아니고, 욱하면, 욱하면 한 발이면 끝나니까. 〔…〕 반지하가 안전해."(4화)

고층 아파트를 보면서 투신자살을 상상하는 염미정과 자신의 여자친구를 투신자살로 보낸 구 씨에게 모두, 인간의 생사生死는 수직적 추락의 두 상태다. 죽는다는 것은, 죽는 것이 아니라 떨어져내려 부서지는 것이다. 산다는 것은, 사는 것이 아니라 떨어지고 싶은 그 중력과 싸우는 것이다. 죽음이 부르는 소리와 싸워 이기는 것이다. 〈나의 해방일지〉가 그리는 삶은 한가하지도 행복하지도 않다. 산다는 것은, 생명으로부터 죽음으로 떨어지는 3분의 2 지점과의 항상적 연관 속에서, 저 지점의 무섭고도 끔찍한 현존. 저 지점이 부르는 소리를 결사적으로 피하기 위한 안간힘 속에서 존재해 나간다는 것을 의미한다. 그것은 사는 것이 아니라, 살아가야 한다는 것, 죽지 말고 살아내야 한다는 것에 더 가깝다.

서사로서, 드라마로서 혹은 우리 시대의 문화적 산물로서 〈나의 해방일지〉가 획득한 최대 성취는 구 씨의 저 고백이 담고 있는 전율적인 리얼리티다. 구 씨의 체험 속에 21

세기 한국 사회의 깊은 상처가 적나라하게 드러나고 있다. 죽음으로 가는 3분의 2 지점. 모든 절망과 희망이 부딪히며 집결되어 있는, 불타는, 존재의 탈영토화의 첨점. 산다는 것이 무엇인가를 묻게 하는 먹먹한 지점. 구 씨가 텅 빈 목소리로 염미정에게 자신의 과거를 털어놓을 때, 관객인 우리도 말 못 할 각자의 삶에 응어리진 3분의 2 지점을 응시하게 된다. 학문도, 문학도, 예술도, 종교도 담아내지 못하는 자신의 인생 고유의 3분의 2 지점. 같은 공기를 마시면서 살아가는 동시대인들의 마음속에 흉터처럼 그어진 저 3분의 2 지점. 저 선을 넘어간 자들이 있다. 하지만 우리 산 자들은 저 선 이쪽에 매달려 있다. 구 씨도 거기에 있고, 염미정도 거기에 있다. 나도, 당신도 거기에 있다. 저 지점에 가까워진 자들은 사랑을 말하지 못한다. 사랑을 말할 수 없다. 말할 수 있다면, 간신히 추앙을 말할 수 있을 뿐이다.

해방되고 싶어요

염미정이 산포에서 구 씨와 '추앙'의 관계로 소통하는 것처럼, 서울의 회사에서는 '해방'이라는 기호를 통해 회사 사람들과 연결되어간다. 이야기인즉, 염미정이 다니는 회사는 동아리 활동을 강요하고 있었는데, 이 정책에 삐딱한 태도를 보이는 사람들이 모여서 자신들만의 동아리를 따로 만든 것이다. 거기에 집이 경기도여서 늘 일찍 귀가해야 하는 염미정, 이혼하고 어린 딸을 키우는 젊은 아빠, 내성적이지만 주관이 뚜렷하고 비판적인 의식이 강한 부장이 속해 있다. 나중에는 동아리 활동을 강요하던 회사의 심리 상담사까지 여기 합류한다. 이 비사교적 인간들이 만든 모임의 이름이 '해방 클럽'이다. 왜 '해방'일까?

그것은 미정이 출근길에서 매일매일 보는 지하철 창문 밖 교회의 이름에서 온 것이다. 교회 건물의 벽에 "해방 교회"라는 이름이 적혀 있고, 그 옆에 큰 글씨로 "오늘 당신에게 좋은 일이 있을 겁니다"라는 글자가 쓰여 있다. 마치 주문처럼 혹은 예언처럼 염미정은 매일 그 문장을 바라보며, 그 글자대로 삶이 풀리기를 소망한다. 문득, 그 교회의 이름이 떠오른 염미정은 동료들에게 동아리 이름을 '해방 클럽'으로 제안하면서 이렇게 말했던 것이다. "전, 해방이 하고 싶어요. 해방되고 싶어요. 어디에 갇혔는지 모르겠는데, 꼭, 갇힌 거 같아요. 속 시원한 게 하나도 없어요. 깝깝하고. 답답하고. 뚫고 나갔으면 좋겠어요."(3화) 해방을 이야기하자고. 하지만 무엇으로부터의 해방인가? 누군가는 자신을 압박하는 시간으로부터, 누군가는 어린 시절 부모의 죽음이 남긴 취약성으로부터, 누군가는 사회적 가면으로부터 해방되고 싶어 한다. 염미정도 벗어나고 싶어 한다. 그녀는 출구를 찾고 있다. 세상 전체의 바깥으로 나가는 크랙을 찾고 있다.

가령 어느 비 내리는 오후, 어두워진 하늘에서 갑자기 벼락이 떨어져 다들 혼비백산하고 있는데, 회사에서 염미정

혼자 평온하게 업무를 보던 날. 내면의 생각으로 미정은 구 씨에게 이런 본심을 전한다. "사람들은 천둥 번개가 치면 무서워하는데 전 이상하게 차분해져요. 드디어 세상이 끝나는구나. 바라던 바다. 갇힌 것 같은데, 어딜 어떻게 뚫어야 될지 모르겠어서, 그냥 다 같이 끝나길 바라는 것 같아요. '불행하진 않지만, 행복하지도 않다. 이대로 끝나도 상관없다.' 다 무덤으로 가는 길인데, 뭐 그렇게 신나고 좋을까. 어쩔 때, 아무렇지 않게 잘 사는 사람들보다, 망가진 사람들이 훨씬 더 정직한 사람들 아닐까."(4화) 염미정은 탈존脫存을 생각한다. 미정의 탈존은 종말이다. 종말이 와도 상관없다. 다 같이 끝나면 된다. 뭔가에 늘 갇혀 있다는 이 폐색감 속에서, 어디가 출구인지 모르는 갑갑함 속에서, 염미정의 냉정함은 단단해져 있다.

그런데 바로 그날 밤. 퇴근해 돌아간 산포에도 거친 뇌우가 인다. 굉음과 함께 전봇대에 벼락이 떨어져 폭발하고, 정전이 된다. 사방이 껌껌해진다. 세상이 망해도 된다고 단언하던 염미정은 갑자기 구 씨가 걱정된다. 패닉에 빠진 채 폭우를 맞으며 그의 집으로 달려간다. 구 씨는 빗줄기에도 아랑곳하지 않고 취해 멍하니 평상에 앉아 있다. 염미정은 구 씨를 거칠게 방으로 끌어 넣으며 울부짖는다. "들어가요, 들어가요." 안전한 곳으로 그를 옮겨 놓고 터벅터벅 비에 젖어 걸어가면서, 염미정은 이렇게 독백한다. "어디에 갇힌 건진 모르겠지만, 뚫고 나가고 싶어요. 진짜로 행복해서, 진짜

로 좋았으면 좋겠어요. 그래서, 아, 이게 인생이지… 이게 사는 거지… 그런 말을 해보고 싶어요."(4화)

추앙은 결핍이나 갈망이 아니다. 허기를 채워줄 것처럼 보이는 환상을 좇는 것도 아니다. 추앙은 조건 없는 일시적인 돌봄에 더 가깝다. 세상이 다 망해도 상관없다고 생각하던 염미정은 구 씨에 대한 걱정으로 뛰어나간다. 염려念慮. 자신을 가둔 이 세계의 구조물, 그 강력한 벽에 생긴 균열은, 틈은, 구멍은 바로 염미정 자신이 도와주어야 할 어떤 인간의 현존이었다. 내가 도와주어야 할 누군가, 손을 내밀어주어야 할 어떤 사람, 어떤 동물, 혹은 어떤 무언가가 단 하나라도 있다면, 나는 결코 이 세계의 종말을 바라지 않으리라. 하찮은 상상이나 농담 속에서라도 세계의 소멸, 종말과 끝을 즐겁게, 도착적 쾌감을 느껴가며 이야기하지 못하리라.

내가 아니라 내가 돌봐야 하는 존재, 내가 추앙하는 존재가 살아갈 세계가 소멸하는 것은, 온 힘을 다해 결사적으로 막아야 할 사태이기 때문이다. 해방과 추앙은 여기서 묘한 접점을 갖는다. 미정이 바라는 해방은 거대한 변화가 아니다. 아주 작은 틈 하나다. 도주선이다. 그 도주선의 이름이 구 씨다. 남을 추앙하는 자는 추앙을 통해 자신을 일으켜 세운다. 그것은 일종의 생존 계약이다. 서로 살겠다는 계약. 자살하지 않겠다는 계약. 3분 2 지점에서 다시 생명 쪽으로 고개를 돌리겠다는, 고개를 돌리도록 만들겠다는 계약.

추앙은 일종의 '기관 없는 사랑love without organs'이다. 기관 없는 사랑은 사랑의 순수 수단성이다. 그것은 사랑이라 불리지 못하고, 사랑으로 인지되지 않으며, 사랑이라 여겨지는 언행과 무관한, 사랑의 모든 기능과 외양과 속성이 존재하지 않는, 그럼에도 불구하고 어떤 사랑의 형태들보다 더 강렬한 사랑의 잠재성에 붙여질 수 있는 이름이다. 기관 없는 사랑의 '기관 없음'이 의미하는 바는 그것이다. 이 사랑은 눈이 없어서 사랑하는 자를 볼 수 없고, 귀가 없어서 그의 말을 들을 수 없고, 혀가 없어서 사랑한다고 말할 수 없으며, 성기가 없어서 성교할 수 없고, 심장이 없어서 사랑을 기뻐하거나 슬퍼할 수 없다. 사랑의 모든 기관들과 기능들은 소멸하거나, 퇴축되어 있다. 사랑은 조직되어 있지 않다. 생산하지 못한다. 그래서 사랑할 수 없다. 사랑이라는 말로 이루어지는 행위나 언어를 수행할 수 없다. 사랑하지 못하는 대신 추앙한다. 아무런 목적도 효용도 없는 추앙으로 누군가를 살려낸다. 염미정이 구 씨에게 그렇게 하듯. 구 씨가 염미정에게 그렇게 하듯.

#

(특히 혼자서) 술을 마시는 것은,
그렇게 하지 않고서는 견딜 수 없는 어떤 것이
삶에서 생물처럼 살아서 징그럽게 움직이고 있을 때
이에 대처하는, 불가피한 듯 보이지만
사실은 어리석은 방편方便이다.
견딜 수 없는 것 앞에서의 무력감과 그것을 이기고 싶은 욕망이
우리를 술 쪽으로 이끈다.
가장 손쉬운 도주로. 음주飮酒.

#

술은 문제를 벗어날 수 있게 해주는 것처럼 보이는
모종의 '길'을 내는데, 바로 이 길로,
취한 인간은 폭주해 달려간다.
이 길은 끝없이 펼쳐져 있을 듯이 보이지만
사실 매우 짧고, 그 끝은 막혀 있다.
술이 내주는 길은 예외 없이 막다른 골목이다.

#

그 막다른 골목은 취기의 한계와 연관되어 있다.
즉 어떤 지점을 넘어서면 취기는 정점에 올라서
더 이상 취하는 것이 불가능한 지점을 맞이한다.
'취하다'라는 동사는 특정 주어의 술어,
즉 아직 완전히 취하지 않은 누군가에게만
적절하게 사용할 수 있는 술어다.
하지만, 완전히 취해서 더는 취할 수 없는 정점에 있는 사람은
이제 '취하다'의 동사의 주어가 될 수 없다.
그는 '깨어나다'의 주어로 전환된다.
거기가 막다른 골목이다.

#

알코올 중독자에게 던져지는 영원히 대답될 수 없는 질문들.
술을 마시는 것이 습관인가?
아니면 마시지 않는 것이 습관인가?
술을 마시다가 끊는 것이 습관인가?
아니면 끊고 나서 다시 마시는 것이 습관인가?

#

사랑해요. 이 말은 언어가 아니라 사건이다.
저 진부한 말이 누군가의 입에서 발설되는 순간,
이전과 다른 세계, 새로운 세계,
황홀하고 불안하고 위험한 세계가 열린다.
그것은 타자 앞에 자신을 내어놓는 전적인 수동성의 세계다.

#

사랑해요. 이렇게 고백한 사람은
타인에게 자신의 모든 것을 '인질'로 내준다.
그의 고백은 응답받지 못할 수도 있고 무시될 수도 있고
모욕이나 침묵으로 되돌아올 수도 있다.
사랑을 결정하는 것은 이제 자신이 아니라 타자다.
사랑에 자신을 던진 인간은 무력한 인질이다.
인질이기 때문에 그의 목숨은 전적으로
타자에게 달려 있다.(레비나스)
이 완전한 내어줌. 이것이 사랑의 본질이다.

#

사랑 속에서 인간이 강해지는 것이 아니라
점점 더 약해지는 이유가 거기에 있다.
사랑하는 자는 약함 쪽으로 계속 이동해 간다.
그곳은 고독하고 황량한 곳. 곧 무너질 것 같은,
자신이 붕괴할 것 같은 곳이다.
그 위태로움이 사랑이 주는 가장 큰 향유 중의 하나다.

#

사랑의 세계를 지배하는 것은 편파성偏頗性이다.

#

우리는 사랑을 통해 자기의 좁은 한계를 넘어서
큰 세계로 나아갈 수 있다고 생각하지만,
그것은 어리석은 착각이다.
사랑은 인류 전체와 생명 전체로 확장되는 운동이 아니다.
진실은 그 반대에 더 가깝다.
사랑 속에서 우리의 마음은 유일무이한 것, 대체 불가능한 것,
가장 특수한 것으로 속절없이 빨려 들어간다.
나의 연인 혹은 나의 아이. 그것이 전부다.
사랑은 최대치의 특수성과 최대치의 편파성을 구현한다.
사랑보다 더 차별적인 감정은 없는 것이다.
마치 (자신의 생명을 포함한) 이 세계에 존재하는 모든 것들이
사랑하는 한 사람을 위해 창조된 듯,
이 세계의 모든 의미가 사랑하는 사람의 행복에 집중된 듯,
그렇게 느끼고 행동하고 욕망할 때 우리는 사랑 속에 있다.

#

우리가 사랑하는 사람은 확산되는 존재가 아니라
집약되는 존재다. 압축되는 존재다.
그 사람 안으로 세상 전체가 접혀 들어와 응축된다.
그 사람은 흡혈귀처럼 세상의 모든 피를 빨아들여
홀로 가장 강렬한 생명력을 품는다. 때로,
사랑하는 사람의 목덜미가 소름 끼치게 아름답게 느껴지는 것은,
그 목덜미에 흐르는 세계의 모든 피[血]의 생기生氣 때문이다.

#

사랑하던 자를 잃을 때,

세상이 멸망한 듯 파멸감에 사로잡히는 것도 이 때문이다.

그가 사라지면, 세계도 같이 사라진다.

그가 사라지면, 세계는 종말이다.

세계는 우리가 사랑하는 자의 존재 내부에 품어져 있다.

그래서 역설적으로 그 한 사람만을 온 힘을 다해 사랑할 때

우리는 의도치 않게 세계 또한 사랑하는 것이다.

한 사람을 온 힘을 다해 사랑할 때,

우리는 가장 편파적인 애정 속에서 보편을 실천하고,

가장 이기적인 방식으로 이타적이 된다.

#

사랑하는 자들은 모두 종말론자다.

#

영원이 지금 속으로 내려와 있음을 그들은 안다.

환한 슬픔이 있고 어두운 슬픔이 있다. 슬픔이 빛을 뿜을 때가 있다. 겨울날 고드름같이, 겨울 오후 뒷산의 나뭇가지 사이로 비쳐오는 차가운 햇빛같이. 앙금도, 여운도, 감정의 습기도, 끈적임도 하나 없는 습도=0의 견고한 추위 속에 서 있을 때, 그 몸을 두르는 슬픈 빛이여. 인지되지도 않는, 내 것이 아닌, 그러나 나를 둘러싼 감정. 존재는 슬픈 것. 그러나 이 슬픔은 스피노자가 말한 존재의 상실이나 삭감에서 오는 것이 아니다. 존재의 상실이나 삭감이 시간 속에서 먼 이미지가 되고, 흔적이 되고, 완벽히 사라지지 않은 채, 그런 상실이 있었다는 사실만이 미라처럼, 백골처럼 남아 보여질 때, 그때 우리는 비인칭으로 슬픈 것. 그 슬픔은 터무니없이 아름답고 황홀한 것, 영화라는 것…

1장 침착의 미학 아피찻퐁 위라세타쿤

1 Giorgio Agamben, "Cinema and History: On Jean-Luc Godard," in *Cinema and Agamben*, Henrik Gustafsson, Asbjørn Grønstad(eds.), N. Y./London: Bloomsbury, 2014, p. 26.

2 앙드레 브르통과 폴 엘뤼아르는 '우아한 시체cadavre exquis'를 다음과 같이 정의한다. "여러 사람이 한 문장이나 하나의 그림을 조합해나가는 방식의 접힌 종이 놀이로서, 놀이 참가자들은 전 단계에서의 협동 작업을 참조할 수 없다"(André Breton, Paul Éluard, *Dictionnaire abrégé du surréalisme*, Paris: José Corti, 1991, p. 6. 이선우, 「아피찻퐁 위라세타쿤이 제시하는 영화의 확장 가능성」, 『영화연구』 74, 2017, p. 105에서 재인용).

3 May Adaldol Ingawanji, "Animism and the Performative Realist Cinema of Apichatpong Weerasethakul," in *Screening Nature: Cinema Beyond the Human*, Anat Pick, Guinevere Narraway(eds.), Oxford: Berghahn Books, 2013, p. 94.

4 Natalie Boehler, "The Jungle as Border zone: The Aesthetics of Nature in the Work of Apichatpong Weerasethakul," *ASEAS: Austrian Journal of South-East Asian Studies* 4(2), 2011, p. 296.

5 실재와 담론의 내부-작용intra-action 또는 얽힘entanglement에 대해서는 다음을 참조할 것. Karen Barad, *Meeting the Universe Halfway*, Durham/London: Duke University Press, 2007.

6 비에 관해서 말하자면, <라쇼몽>에서만큼이나 인상적으로 내리던 두 다른 영화적 강우降雨를 나는 떠올린다. 하나는 차이밍량의 <안녕, 용문객잔>(2003)에서 내리던 아열대의 폭우다. 쇠락한 극장 건물을 밤새 두드리던 그 하얀 빗줄기는

시네마의 종언을 애도하는 장례의 날에 내리는 비다. 시네마는 죽었다, 시네마는 죽었다고 흐느끼는 귀신 같은 비. <안녕, 용문객잔>을 이해한다는 것은 저 비인간적, 탈인간적 흐느낌에 물드는 것이다. 21세기에 아직도 영화를 보는 자는 사람이 아니라 귀신이다. 영화를 사랑하는 자는 '이 시대의 인간'이 아니다. 그렇게 주장하듯 내리는 비. 또 다른 하나는 벨라 타르의 <파멸>(1988)과 <사탄탱고>(1994)에 추적거리며 내리는 종말론적 비다. 차이밍량의 비가 영화의 종말을 애도하는 슬픔이라면, 벨라 타르의 비는 영화를 넘어서 세계의 종말을 재촉하는 힘이다. 인간과의 깊은 관계 속에서 하나의 세계로 설립된 바로 그런 세계 자체의 사라짐을 가속화하는 물질.

7 <징후와 세기>도 시골 병원을 배경으로 진행되는 전반부 서사와 대도시의 병원에서 전개되는 후반부 서사로 나뉘어 있다. 전반부의 연애 이야기는 순수하고 투명하다. 미묘한 감정선이 서정적 음악과 함께 아름답게 펼쳐져간다. 후반부는 훨씬 현대적인 대도시 병원에서 전반부에 등장한 인물들이 거의 동일한 상황과 대사를 반복하는 것으로 시작한다. 하지만 이야기가 서서히 풀려가면서, 영화는 전반부와 달리 좀더 차갑고 불투명하며, 심지어 섬뜩한 감정적 단절과 고립을 현대식 병원의 지하실 공간을 중심으로 표현해낸다.

8 아피찻퐁은 한 인터뷰에서 <열대병>이 그린 세계가 기억의 세계라고 토로한다. 그는 전략적으로 전반부의 이야기를, 누군가의 기억을 그려내듯이, 비현실적인 분위기를 띠도록 형상화했다고 한다. James Quandt, "Exquisite Corpus: An Interview with Apichatpong Weerasethakul," in *Apichatpong Weerasethakul*, James Quandt(ed.), Vienna: Synema Publikationen, 2009, p. 129.

9 Kong Rithdee, "Cinema of Reincarnations," in *Apichatpong Weerasethakul*.

10 Emanuele Coccia, *The Life of Plants*, Dylan J. Montanari(tans.), Cambridge: Polity, 2019, p. 31.

2장 **세계에 대한 믿음** 안드레이 타르콥스키

1 홍상수의 <그 후>(2017)에 나오는 봉완과 아름의 대화.

2 안드레이 타르콥스키, 『시간의 각인』, 라승도 옮김, 곰출판, 2021, p. 22(강조는 필자).

3 질 들뢰즈, 『시네마 II: 시간-이미지』, 이정하 옮김, 시각과언어, 2002, p. 337.

4 같은 책, p. 338(번역 부분 수정. 강조는 들뢰즈).

5 "이미지는 삶을 의미하지 않는다. 이미지는 삶을 상징하지 않는다. 이미지는 삶의 독보성을 표현하면서 삶을 구체화한다"(안드레이 타르콥스키, 『시간의 각인』, p. 148).

6 라투르의 재치 있는 표현을 빌려 말하자면 "믿음은 당신을 붙드는 것이고, 앎은 당신이 붙드는 것이다"(Bruno Latour, *Facing Gaia*, Catherine Porter(trans.), Cambridge: Polity, 2017, p. 203).

7 로라 멀비, 『1초에 24번의 죽음』, 이기형·이찬욱 옮김, 현실문화, 2007.

8 이와 더불어 타르콥스키는 세 편의 단편 영화를 남겼다. <암살자들>(1958), <오늘은 출발하지 않으리>(1959), <증기기관차와 바이올린>(1960)이 그것이다.

9 안드레이 타르코프스키, 『타르코프스키의 순교일기』, 김창우 옮김, 두레, 1997, pp. 83~85.

10 같은 책, p. 41.

11 나리만 스카코브, 『타르콥스키의 영화: 시간과 공간의 미로』, 이시은 옮김, B612, 2012, p. 217.

12 안드레이 타르콥스키, 『시간의 각인』, p. 87.

13 같은 곳. 마라티가 지적하듯이, 타르콥스키는 위대한 영화감독이었을 뿐 아니라 뛰어난 영화 이론가이기도 했다(Paola Marrati, *Gilles Deleuze: Cinema and Philosophy*, Alisa Hartz(trans.), Baltimore: The Johns Hopkins University Press, 2008, p. 39).

14 Jonathan P. Wright, "Objects in the *Mirror*: Micro-Narrative and Biomorphic Representation in Tarkovsky's *Zerkalo*," *Trans-Humanities* 10(1), 2017, pp. 129과 139.

15 위르겐 몰트만, 「세계의 창조와 완성 안에서 나타나는 하나님의 비움」, 존 폴킹혼 엮음, 『케노시스 창조이론』, 박동식 옮김, 새물결플러스, 2015.

16 존 폴킹혼, 「비움을 통한 창조와 하나님의 행동」, 같은 책, pp. 182~88.

17 Simone Weil, *Attente de Dieu*, Paris: Albin Michel, 2022, pp. 137~38 [시몬 베유, 「신에 대한 암묵적 사랑의 형태들」, 『신을 기다리며』, 이세진 옮김, 이제이북스, 2015, pp.118~119 참조].

18 Simone Weil, *La pesanteur et la grâce*, Paris: Plon, 1988, p. 182 [시몬 베유, 「우리가 사랑해야 할 이는 부재한다」, 『중력과 은총』, 윤진 옮김, 문학과지성사, p.148 참조].

19 러시아에서 백치는 '성스러운 바보'라는 뜻을 지닌 '유로지비yurodivy'라는 말로 불려왔다. 유로지비는 "자발적으로 합리적, 도덕적인 상식과 예의에서 벗어난 언행을 통해 마치 광인, 바보 같은 행위를 한 인물"로서 "헐벗고 굶주리며 미치광이 행세를 하면서 사람들을 참회하게 했고 세상을 조롱하였으며, 예언자처럼 인간의 언어가 아니라 성령의 계시로 사람들을 교훈"하는 러시아 특유의 인간 유형이다(이규영, 「안드레이 타르코프스키의 <향수>와 <희생>에 나타난 구원의 양상: '유로지비(성聖 바보)' 형상」, 『노어노문학』 31(3), 2019, p. 155).

20 슬라보예 지젝, 『진짜 눈물의 공포』, 곽현자 · 김소연 · 김숙 · 오영숙 옮김, 울력, 2004, p. 184.

21 안드레이 타르코프스키, 『타르코프스키의 순교일기』, p. 66.

22 장 루이 셰페르, 『영화를 보러 다니는 평범한 남자』, 김이석 옮김, 이모션북스, 2020, pp. 9~10.

23 조르조 아감벤, 『목적 없는 수단』, 김상운 · 양창렬 옮김, 2009, pp. 59~72.

3장 번개, 여자, 타나토스 나루세 미키오

1 황동규, 「기도」, 『황동규 시전집』, 문학과지성사, 1998, p. 22.

2 김광석의 노래 <기대어 앉은 오후에는>의 한 소절.

3 장 루이 셰페르, 『영화를 보러 다니는 평범한 남자』, pp. 54~55.

4 2001년에 파리의 한 시네마테크에서 열린 회고전에서 나는 처음으로 그의 작품들을 보았다.

5 Jean Narboni, *Mikio Naruse: Les temps incertains*, Paris: Cahiers du cinéma, 2006, p. 31.

6 다카미네 히데코(1924~2010)는 자신의 회고록에서 나루세에 대해 다음과 같이 쓴다. "나루세 미키오는 수줍음을 많이 타는 사람이었으며 주목받는 것을 싫어했다. 그의 눈은 따뜻하면서도 날카로웠다. 그는 항상 보통 사람들이

생각하고 느끼는 것을 관찰했다. 보통 사람들의 삶에서 드러나는 희비의 순간들에서 영화 소재들을 찾았던 것이다. 그는 항상 삶의 기복을 묘사하려고 했다. […] 그가 만든 영화들을 보면 정경은 사람들로 붐비고, 주택은 모두 싸구려 건축물들이다. 사람들은 라면이나 오차즈케를 먹으며 화려한 것과는 거리가 멀어 보인다. 나루세는 인서트 컷으로 광고판을 들고 있는 길거리 악사를 보여줄 것이다. 이것이 나루세의 세계다"(다카미네 히데코, 「심술궂은 영감」, 하스미 시게히코·야마네 사다오 외, 『나루세 미키오』, 박창학 · 유맹철 옮김, 한나래, 2002, p. 182).

7 질 들뢰즈 · 펠릭스 가타리, 『천 개의 고원』, 김재인 옮김, 새물결, 2001, p. 506.

8 Gilles Deleuze, *Deux régimes de fous*, Paris: Minuit, 2003, pp. 295~96.

9 질 들뢰즈, 『시네마 I: 운동-이미지』, 유진상 옮김, 시각과언어, 2002, pp. 351~53.

10 나루세가 영화화한 하야시 후미코의 작품은 『밥』 『번개』 『처』 『만국』 『부운』 『방랑기』 등 모두 여섯 편이다.

11 하야시 후미코, 『삼등여행기』, 안은미 옮김, 2017, p. 218.

12 도미오카의 아내와 유키코는 병사病死한다. 또한 온천에서 만나 잠시 동거하던 여성은 그녀의 남편에 의해 살해된다.

13 소설의 마지막 문장은 도미오카의 정체를 명확히 규정해준다. "도미오카는 마치 뜬구름 같은 자신의 모습을 생각하고 있었다. 그것은 언제 어디로 사라지는지도 모르게 사라져갈 뜬구름이다"(하야시 후미코, 『뜬구름』, 이상복 · 최은경 옮김, 어문학사, 2008, p. 461).

14 같은 책, p. 205.

15 하스미 시게히코, 「나루세 미키오 또는 이중의 서명」, 하스미 시게히코 · 야마네 사다오 외, 『나루세 미키오』, 박창학 · 유맹철 옮김, 한나래, 2002, pp. 64~66.

16 Gilles Deleuze, Félix Guattari, *Qu'est-ce que la philosophie*? Paris: Minuit, 1991, p. 155.

4장 리얼 스스로 말하게 하라 지아장커

1 Gilles Deleuze, *Deux régimes de fous: Textes et entretiens 1975-1995*, Paris: Minuit, 2003, p. 302.

2 <엄마>(1990)와 <북경 녀석들>(1993)을 감독한 장위안(1963년생), <북경 자전거>(2001)의 왕샤오슈아이(1966년생), <주말의 연인>(1995), <여름 궁전>(2006)의 감독 로우예(1965년생), <당신은 변함없는 나의 영웅입니다>(1997)의 루쉐창(1964년생)이 그들이다.

3 이정훈, 「자장커賈樟柯 영화의 궤적과 <天注定>의 새로운 시도」,『중국어문학지』 60, 2017, pp. 261~62.

4 지아장커, 「30세의 고백: 지아장커가 말하는 지아장커」, 현실문화연구 편집부 · 장기철 · 이병원, 『지아장커, 중국 영화의 미래』, 현실문화연구, 2002, p. 19.

5 지아장커는 여러 편의 다큐멘터리를 제작했다. 2006년의 <동>은 화가 리우샤오동의 작업 과정을 보여주는 다큐멘터리로 <스틸 라이프>와 함께 촬영되었다. 2008년의 <무용>은 디자이너 마커馬可의 작업과 전시를 중심으로 '옷'에 대한 성찰을 시도하는 다큐멘터리다. 2008년 <24시티>에서 그는 다큐멘터리와 픽션을 결합하고, 2010년 <상해전기>에서는 17인의 주요 인물로부터 상하이의 기억을 청취한다.

6 정한석, 『지아장커』, 부산국제영화제, 2019, p. 60.

7 유세종, 『지아장커, 세계의 그늘을 비추는 거울』, 봄날의박씨, 2018, pp. 46~60.

8 Maurice Blanchot, *L'espace littéraire*, Paris: Gallimard, 1996, pp. 341~56.

9 Ackbar Abbas, *Hong Kong: Culture and the Politics of Disappearance*, Minneapolis, London: University of Minnesota Press, 1997, p. 25.

10 <스틸 라이프>를 인류세 영화로 읽으려는 시도에 대해서는 다음을 볼 것. Jennifer Fay, *Inhospitable World: Cinema in the Time of the Anthropocene*, New York: Oxford University Press, 2018, pp. 129~61.

11 기멸감 속에서 우리는 유령이 된다. 우리는, 더 정확히 말하면 우리의 눈은, 파국적 미래로 도약한다. 미래는 선형적 시간의 선 위에 존재하는 한 점이 아니다. 우리는 미래에 있을 파괴, 그 파괴가 남긴 폐허 속에 이미 도달해 있다. 기멸감은 모든 것이 '이미 부서져' 있는 미래를 우리에게 데려온다. 그 이미 부서진 풍경을 바라보는 눈은 육체 속에 박혀 있는 육안이 아니다. 그것은 육신을 갖고 있지 않은 어떤 귀신의 눈, 시간을 이동하여 세계를 바라보는 유령의 눈이다.

12 레이 초우, 『원시적 열정』, 정재서 옮김, 이산, 2004, p. 67.

13 다이진화, 『무중풍경』, 이현복 · 성옥례 옮김, 산지니, 2007, p. 312.

5장 기관 없는 희망 켈리 레이카르트

1 「로마서」 8장 24절.

2 레이카르트는 1996년의 첫 작품 <초원의 강>부터 2022년의 <쇼잉업>에 이르기까지 모두 여덟 편의 장편영화를 찍었다. 2006년의 <올드 조이>, 2008년의 <웬디와 루시>, 2010년의 <믹의 지름길>, 2013년의 <나이트 무브>, 2016년의 <어떤 여자들>, 2021년의 <퍼스트 카우>가 그것이다.

3 E. Dawn Hall, *Refocus: The Films of Kelly Reichardt*, Edinburgh: Edinburgh University Press, 2018, p. 13.

4 같은 책, pp. 1~3.

5 Katherine Fusco, Nicole Seymour, *Kelly Reichardt*, Urbana: University of Chicago Press, 2017, p. 3.

6 Leonard Quart, "The Way West: A Feminist Perspective. An Interview with Kelly Reichardt," *Cinéaste* 36(2), 2011, p. 40.

7 Ira Jaffe, *Slow Movies: Countering the Cinema of Action*, London & New York: Wallflower Press, 2014, p. 9.

8 Katherine Fusco, Nicole Seymour, *Kelly Reichardt*, p. 55.

9 레이카르트는 서부극 고유의 속도를 살해한다. 존 포드가 감독한 <역마차>(1939)의 마지막 9분간의 전투 장면을 떠올려보라. 거기서 사막은 전투 기계들의 질주와 충돌, 추격과 도주가 그리는 수많은 선이 만드는 속도의 캔버스로 나타나고 있다. 기병대도 인디언도 최대치의 속도로 달리고 있으며, 저 모든 속도는 치명적이다. 날아와 꽂히는 화살들, 질주하던 말이 쓰러질 때 속력을 이기지 못하고 바닥에서 튕겨 나가며, 말을 타고 있던 인디언의 신체를 먼 곳에 집어던지는 속도의 폭력. 당연히 이런 장면들은 레이카르트 영화에는 전혀 등장하지 않는다.

10 Elena Gorfinkel, "Exhausted Drift. Austerity, Dispossession and the Politics of Slow in Kelly Reichardt's Meek's Cutoff," Tiago de Luca and Nuno Barradas Jorge(eds.), *Slow Cinema*, Edinburgh: Edinburgh University Press, 2016, p. 128.

11 앙드레 바쟁, 『영화란 무엇인가?』, 박상규 옮김, 시각과언어, 1998, p. 381.

12 시몬 베유, 『신을 기다리며』, pp. 93~95.

13 같은 책, p. 100 참조.

14 Katherine Fusco, Nicole Seymour, *Kelly Reichardt*, p. 12.

15 같은 책, p. 5.

16 Gus Van Sant, "Artists in Conversation: Kelly Reichardt," *Bomb* 105, 2008, p. 78.

17 Susan Kollin, "Uncertain Wests: Kelly Reichardt, Settler Sensibilities, and the Challenges of Feminist Filmmaking," *Zeitschrift für Anglistik und Amerikanistik* 68(1), 2020, p. 7.

18 앙드레 바쟁, 『영화란 무엇인가?』, pp. 418~22.

19 같은 책, p. 426.

20 질 들뢰즈, 『시네마 I: 운동-이미지』, p. 266.

21 같은 책, pp. 280~85.

22 질 들뢰즈, 『시네마 II: 시간-이미지』, p. 391.

23 같은 책, p. 377.

24 들뢰즈는 이와 연관해서 다음과 같이 쓰고 있다. "이것은 더 이상 행위의 영화가 아니라 견자voyant의 영화다. 네오리얼리즘을 정의하는 것은, 바로 고전적 리얼리즘이 갖는 행동-이미지의 감각-운동적 상황과는 본질적으로 구별되는 이러한 순수 시지각적 상황[…]의 부상이다"(같은 책, p. 13).

25 Elena Gorfinkel, "Weariness, Waiting: Enduration and Art Cinema's Tired Bodies," *Discourse* 34(2/3), 2012, p. 312.

26 Elena Gorfinkel, "Exhausted Drift: Austerity, Dispossession and the Politics of Slow in Kelly Reichardt's Meek's Cutoff," *Slow Cinema*, p. 129.

27 안 소바냐르그, 『들뢰즈와 예술』, 이정하 옮김, 열화당, 2009, p. 90.

28 질 들뢰즈·펠릭스 가타리, 『안티 오이디푸스』, 김재인 옮김, 민음사, 2014, pp. 49~50.

29 질 들뢰즈·펠릭스 가타리, 『천 개의 고원』, p. 959.

30 질 들뢰즈, 『시네마 I: 운동-이미지』, pp. 99~100.

31 Gilles Deleuze, *Francis Bacon: Logique de la sensation*, Paris: Seuil, 2002,

pp. 47~56.

32 Gilles Deleuze, *Critique et clinique*, Paris: Minuit, 1993. 예술이 아닌 역사의 영역에서도 우리는 '기관 없는 시간'이라 부를 수 있는 특정 시간성을 발견할 수 있다. 가령 벤야민의 메시아주의가 말하는 '카이로스kairos'란 무엇인가? 그것은 헤겔적 변증법의 연쇄 도식(기능)에서 풀려난 지금 바로 이 순간의 시간성, 어떤 목적이나 의미에 복무하지 않으면서 순수한 잠재적 가능성을 품고 있는 시간이 아니던가? 이런 점에서 벤야민의 역사철학이 강조하는 '지금-시간'은 '기관 없는 시간'의 메시아적 역량을 포착한 개념이라 하겠다.

6장 유머의 영성 코엔 형제와 아키 카우리스마키

1 <올드 조이>의 주인공 마크의 대사.

2 "억압받는 자들의 전통은 우리가 그 속에서 살고 있는 '비상사태'가 상례임을 가르쳐준다"(발터 벤야민, 「역사의 개념에 대하여」, 『발터 벤야민 선집 5』, 최성만 옮김, 2008, pp. 336~37).

3 André Breton, *Anthologie de l'humour noir*, Paris: Jean-Jacques Pauvert, 1966, p. 89.

4 지그문트 프로이트, 『농담과 무의식의 관계』, 임인주 옮김, 열린책들, 2003(개정판), pp. 282~83.

5 지그문트 프로이트, 「유머」, 『예술, 문학, 정신분석』, 정장진 옮김, 열린책들, 2003(개정판), pp. 511~12.

6 같은 글, pp. 513~15.

7 같은 글, p. 516.

8 Franz Rosenzweig, *L'étoile de la rédemption*, A. Derczanski et J.-L. Schlegel(trad.), Paris: Seuil, 2003, p. 117.

9 Walter Benjamin, "L'humour," *Fragments philosophiques, politiques, critiques, littéraires*, Ch. Jouanlanne et J.-F. Poirier(trad.), Paris: PUF, 2001, p. 163.

10 같은 곳.

11 Gilles Deleuze, *Deux régimes de fous*, Paris: Minuit, 2003, pp. 361~62.

12 Viktor Chklovski, *Zoo: Lettres qui ne parlent pas d'amour ou la Troisième Héloïse*, P. Leauesne(trad.), Paris: L'esprit des péninsules, 1998, p. 96.

13 Sakari Toiviainen, "The Kaurismäki' Phenomenon," *Journal of Finnish Studies* 8(2), 2004, p. 25.

14 Bert Cardullo, "Finnish Character: An Interview with Aki Kaurismäki," *Film Quarterly* 59(4), 2006, p. 8.

15 슬라보예 지젝, 『이데올로기라는 숭고한 대상』, 이수련 옮김, 인간사랑, 2002, p. 233.

16 지그문트 프로이트, 「쾌락원칙을 넘어서」, 『정신분석학의 근본개념』, 윤희기·박찬부 옮김, 열린책들, 2004, pp. 275~83.

17 Ola Sigurdson, "Slavoj Žižek, The Death Drive, and Zombies: A Theological Account," *Modern Theology* 29(3), 2013, p. 367.

18 시몬 베유, 『신을 기다리며』, p. 88.

7장 붕괴와 추앙 사이 박찬욱과 박해영

1 이영훈, <일종의 고백>, 《나의 해방일지 OST》 가사 중 일부.

2 질 들뢰즈, 『프루스트와 기호들』, 서동욱·이충민 옮김, 민음사, 1997, pp. 27~29(번역 부분 수정).

3 사실 영화에서 이러한 무드를 최고점으로 끌어 올리는 것이 정훈희와 송창식이 부르는 <안개>가 아닌가? <안개>가 <헤어질 결심>의 OST가 아니라, 오히려 <헤어질 결심>이 <안개>라는 노래를 위해 만들어진 긴 뮤직비디오 같다는 착각이 들 정도로 노래의 정동情動은 강하다.

4 프랑수아 에발드, 「보험과 리스크」, 『푸코 효과』, 콜린 고든 외 엮음, 심성보 외 옮김, 난장, 2014, p. 294.

이 책에서 각 장의 초본이 된 글들은 다음과 같다. 초본에서 대부분 수정, 보완, 변형되어 실렸다.

1장 「침잠의 시학, 침잠의 시간: 아피찻퐁 위라세타쿤의 영화에 대하여」, 『서울리뷰오브북스』 6호, 2022 여름.

2장 「세계에 대한 믿음: 타르코프스키 시네마에 대한 몇 가지 생각들」, 『서울리뷰오브북스』 4호, 2021 겨울.

3장 「타나토그래피: 나루세 미키오의 <부운>을 읽는 한 시선」, 『서울리뷰오브북스』 2호, 2021 여름.

4장 「리얼 스스로 말하게 하라: 지아장커의 <스틸 라이프>를 향하여」, 『서울리뷰오브북스』 7호, 2022 가을.

5장 「파국의 분열분석과 기관 없는 희망: 켈리 레이카트 시네마를 중심으로」, 『안과밖』 55호, 2023 하반기.

6장 「유머의 영성: 코엔 형제에서 아키 카우리스마키까지」, 『서울리뷰오브북스』 15호, 2024 가을.

7장 「붕괴와 추앙 사이: <헤어질 결심>과 <나의 해방일지>에 대하여」, 『뉴래디컬리뷰』 8호, 2023 여름.